NUEVA YORK

ᖴB CM
BONECHI & CITY MERCHANDISE

Worlds Greatest Souvenirs

CITY MERCHANDISE INC.
228 40th Street
Brooklyn, N.Y. 11232
Tel. 718 - 832 - 2931
Fax 718 - 832 - 2939
E-mail: citymerchandise@aol.com
Http: www. citymerchandise.com

Proyecto editorial: Casa Editrice Bonechi. *Directora editorial:* Monica Bonechi.
Investigación iconográfica: redacción de la Editorial Bonechi.
Realización gráfica: Manuela Ranfagni. *Compaginación:* Patrizia Fabbri. *Cubierta:* Manuela Ranfagni y Rosanna Malagrinò.
Redacción: Anna Baldini y Patrizia Fabbri.
Dibujos páginas 32, 38, 39, 40: Stefano Benini. *Mapas páginas 34 y 50:* Daniela Mariani.
Textos de Robert Fitzgerald, Giovanna Magi, Maria Elena Velardi *y de la* redacción de la Editorial Bonechi.
Traducción: Ilda Giraudo *para Traduco s.n.c. de Bovone y Bulckaen, Florencia, y Anna Lami Fratini (páginas 51-92).*

Impreso en Italia por: Centro Stampa Editoriale Bonechi.

REFERENCIAS FOTOGRÁFICAS
Fotografías del Archivo de la Editorial Bonechi, *tomadas por* Marco Bonechi: *páginas 20/21, 51 abajo, 52, 60/61, 70, 73, 86 abajo, 91;*
Paolo Giambone: *páginas 47, 63 abajo, 64, 66 arriba, 68 abajo a la derecha, 70, 73, 79;*
Andrea Pistolesi: *páginas 3, 5 abajo, 8/9, 24, 27, 28 abajo a la derecha, 32, 34, 35, 36/37, 40, 41, 44, 45, 48 a la derecha, 49, 51 arriba, 53, 54, 55, 56, 57, 62, 63 arriba, 66 abajo, 67, 78, 80, 81, 82, 83, 84, 85, 87, 88/89, 90, 92, 93, 94, 95.*

Alan Schein/NYC: *páginas 26, 28 arriba y abajo a la izquierda, 29, 42 arriba, 43 arriba a la derecha y abajo a la izquierda, 46.*
American Museum of Natural History: *páginas 68 abajo a la izquierda y 69 abajo a la izquierda* (© Scott Frances) / *página 69 arriba* (© J. Beckett/AMNH)
página 69 abajo a la derecha (© J. Beckett/D. Finnin).
© Archimation: *página 7 abajo a la derecha.* Associated Press, AP: *páginas 10 (Ph. Jim Wells, Staff), 11, 12, 13 arriba (Ph. Marty Lederhyler, Staff), 13 abaj*
15 a la izquierda(Ph. Stringer), 15 a la derecha (Ph. Alan Welner, Stringer), 16 (Ph. Richard Drew, Staff).
Battman Studios: *páginas 22/23, 30/31, 43 a la derecha al centro.*
© Bedford/Downing (Igor Maloratsky Ph.): *páginas 42 al centro (#800) y a la derecha (#806), 48 a la izquierda (#901).*
© Collection of The New-York Historical Society: *páginas 33 abajo, 39 al centro.* Eric Van Den Brulle: *página 74 arriba.*
Foto Scala, Firenze: *páginas 74, 75, 76.* Frank De Sisto/ Intrepid Sea-Air-Space Museum: *página 65.* Newsday Photo/Paul Bereswill: *página 58 abajo.*
Courtesy of NY Mets: *página 58 al centro. Courtesy of* NY Yankees: *página 58 arriba.* Realy Easy Star,Torino: *páginas 71, 72 a la izquierda al centro y abaj*
72 a la derecha al centro (Maurizio Stabio),77 arriba. Romana Javitz Collection. Miriam and Ira D. Wallach Division of Art, Prints & Photographs. The New
York Public Library: *página 33 arriba y al centro. Courtesy of* Settore Cultura del Comune di Prato: *página 4 arriba a la izquierda (obra de Orazio Fidani).*
State Historical Society of Wisconsin *by Courtesy of the* Ellis Island Immigration Museum: *página 5 arriba y al centro.*
© Studio Daniel Libeskind: *página 7 abajo al centro.* © Torsten Seidel: *página 7 abajo a la izquierda.*

AGRADECIMIENTOS
La foto de la página 17 fue tomada por Maria Elena Velardi, representante de nuestra oficina en Nueva York, que se encuentra cerca de las Torres Gemela
Agradecemos a los operadores televisivos, los fotógrafos y los sitios de Internet (CNN, BBC, Time Magazine, New York Times, Virgilio, Altavista) de donde
vienen las imágenes de las páginas 18 y 19.

ISBN 978-88-476-1252-5

 # NUEVA YORK
Nacimiento de una metrópoli

Al describir Nueva York, los superlativos no son suficientes; y aunque Manhattan, con sus 57 kilómetros cuadrados de extensión, sea solamente el tercero de los cinco distritos administrativos de toda la ciudad, la isla ofrece distracciones para todos los gustos. Nueva York es ante todo una ciudad sobre el agua, formada por cinco distritos: de ellos, Manhattan y Staten Island son islas, Brooklyn y Queens se extienden en el extremo occidental de la gran isla de Long Island, y el Bronx es una península rodeada de agua en casi todo su contorno. La bahía de la ciudad y los ríos no sólo forman el más grande y estupendo puerto natural del mundo, sino que han contribuido siempre a proporcionar ese fuerte impulso hacia su imparable crecimiento. La Gran Manzana recibe cada año casi 25 millones de turistas, de los cuales muy pocos pueden visitarla sin advertir esa increíble energía que da vida a sus calles. El dinamismo de la ciudad se puede percibir desde Uptown, Broadway y Times Square hasta SoHo, el Village y el puerto. A lo largo de las avenidas, en el metro, los grandes almacenes, los edificios y los rascacielos, los restaurantes y las tiendas de todo tipo y nacionalidad, los hoteles, los teatros: todo en esta ciudad, cosmopolita por antonomasia, ofrece un espectáculo único y arrollador que a quien la visita le deja una sensación de incredulidad. Esta "capital del mundo" acoge desde siempre una población formada por personas procedentes de todos los países, comunidades de diferentes razas y religiones; tan es así que a finales del siglo XIX en Ellis Island - el islote en el extremo sur de Manhattan - se recibían y "controlaban" 5.000 inmigrantes al día, antes de que pudieran convertirse efectivamente en ciudadanos norteamericanos. La multiplicidad cultural y la libertad de convencionalismos que la caracterizan hacen de Nueva York, con sus habitantes, un lugar único, y ser "neoyorquino" es una connotación muy especial incluso en el interior de los mismos Estados Unidos. Basta sólo un vistazo para darse cuenta de su unicidad. La sensación de fuerza es abrumadora gracias sobre todo a los rascacielos, que se levantan audaces y descarados, y desde 1903 siete de ellos se enorgullecieron a turnos de ser el más alto del mundo. Adentrarse en la sombra de sus "cañadas" puede volverse una experiencia estremecedora, porque al nivel de la calle reina un caos hecho de taxis amarillos que exigen paso a imperiosos bocinazos, peatones apurados y luces relampagueantes. Nueva York es conocida en el mundo

JUAN DE VERRAZZANO
(Verrazzano 1485 – Brasil 1528)

Este famoso navegante nació en 1485 en Verrazzano - a 20 km de Florencia –, descendiente de una antigua familia toscana. De espíritu aventurero, ya desde muy joven se demostró impaciente por explorar nuevos mundos. A comienzos del siglo XVI - a causa de los desacuerdos políticos que en ese período se habían creado entre su familia y el gobierno de los Médicis – se trasladó a Francia estableciéndose en Dieppe, un puerto en el Canal de la Mancha, donde se relacionó con marineros y armadores de probada experiencia, de los cuales aprendió los secretos del mar. En 1523, partió - al servicio de Francisco I de Francia – al mando de una expedición "rumbo al Occidente para explorar el Oriente" y sus prometedores mercados. Cruzado el Océano Atlántico a bordo de la galera "Delfina" llegó a la península de Florida; navegó luego hacia el norte explorando las costas de la América septentrional en busca de un pasaje hacia el Océano Pacífico, descubriendo así el estuario del actual río Hudson. El **17 de abril de 1524** entró en la Bahía de Nueva York y desembarcó en la isla de Manhattan, una zona salvaje probablemente poblada por los indios algonquinos. Al famoso navegante se lo disputaron los gobiernos enemigos de Francia. Fiel al soberano francés, Verrazzano cumplió otras importantes empresas hasta que en 1528 halló la muerte en Brasil, a manos de las poblaciones indígenas.

Nueva York le ha dedicado a Verrazzano un puente: el **Verrazzano-Narrows Bridge** (inaugurado en 1964), que atraviesa con una sola arcada "The Narrows", como se llama el acceso a la bahía de Nueva York desde el mar.

entero por los inconfundibles rascacielos que caracterizan su horizonte. Los rascacielos no sólo constituyen la mayor atracción turística de la Gran Manzana, sino que representan también la aportación más importante de esta ciudad a la historia de la arquitectura. En efecto, en pocos kilómetros cuadrados se puede recorrer un fascinante itinerario arquitectónico que va desde finales del siglo XIX hasta nuestros días, a través de una variedad de estilos que pasa del neogótico del Woolworth Building al deconstructivista del reciente Condé Nast Building. Menos evidentes pero de importancia fundamental son, además, las innovaciones ingenieriles introducidas por proyectistas y constructores: de la invención del ascensor a la realización de las primeras infraestructuras metálicas portantes. La gran fascinación que ejerce el rascacielos reside ciertamente en la audaz combinación de todos estos elementos, que constituyen uno de los más visibles tributos al ingenio humano del siglo XX. Desde hace varias décadas, el Empire State Building - el rascacielos más amado por los neoyorquinos - ha perdido el récord de altura; pero no obstante ello, junto con la Estatua de la Libertad sigue siendo el símbolo de esta gran metrópoli cosmopolita.

Los orígenes de la actual Gran Manzana

El empuje del comercio y de nuevos lugares para desarrollar trajo a estas tierras a los europeos. En efecto, fueron precisamente esos mercaderes quienes fundaron la ciudad haciendo de ella, desde el principio, una importante encrucijada comercial del Nuevo Mundo. En 1524, el explorador italiano Giovanni da Verrazzano arribó a las costas de la actual ciudad de Nueva York, en su búsqueda del paso noroeste hacia Oriente. Sólo más tarde, en 1609, Henry Hudson exploró el río que lleva su nombre, dando oficialmente inicio a la colonización. Los primeros colonos – belgas, y más tarde holandeses – empezaron a llegar en 1624, y al año siguiente, la Compañía Holandesa de las Indias Occidentales erigió el primer edificio "oficial", fundando así la Nueva Amsterdam. Finalmente, en 1626 el holandés Peter Minuit, primer director general de la ciudad, "compró" el territorio de Manhattan a los indios del lugar ofreciéndoles – según la leyenda – utensilios y ropa por un valor de 24 dólares. En 1702, Manhattan se convirtió en territorio británico, y la reina Ana nombró primer gobernador de Nueva York a su primo, Lord Cornbury. En

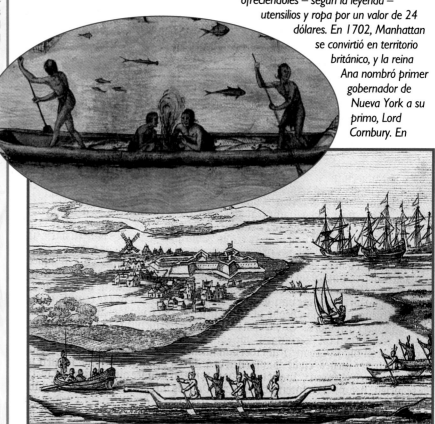

En la página de enfrente: abajo, **Manhattan** en una de las vistas más antiguas de Nueva York. Reproduce la isla poco después del asentamiento holandés (1626), simbolizado por la presencia de un molino de viento. En el centro, una reconstrucción de lo que debía ser la vida de los indios que poblaban la isla de Manhattan cuando el holandés Peter Minuit – después de numerosos choques con las distintas tribus locales – logró comprarles el territorio de la futura Nueva York.

Fotos históricas de **Ellis Island**, donde en el siglo XIX funcionaba el primer Centro de Acogida para los inmigrantes: arriba, la isla y una de las salas en la que se recogían los datos personales para anotarlos en un registro; a la izquierda, un grupo de inmigrantes.

Abajo, vista aérea de Ellis Island con el **"Museum of Immigration"**, que conserva imágenes y documentos relativos al gran fenómeno de la inmigración que, en el siglo XIX, vio como protagonistas a millones de personas procedentes de todo el mundo.

en efecto, a él llegaban no sólo mercaderías, sino también millones de inmigrantes en busca de trabajo y fortuna. El desarrollo de la ciudad en el siglo XIX estuvo caracterizado por la llegada de numerosos inmigrantes europeos, tanto es así que en las postrimerías de esa centuria más de la mitad de los

1776 - durante la Revolución Americana - los ingleses incendiaron Manhattan pero, no obstante ello, desde 1785 hasta 1790 Nueva York fue capital de la nación. El 23 de abril de 1789, George Washington pronunció el primer juramento presidencial desde la terraza del Federal Hall: a partir de entonces Nueva York ha sido desde muchos puntos de vista, y con justo título, una capital, resurgiendo más fuerte que antes también del gran incendio de 1835, que destruyó una gran parte de Lower Manhattan.
Al acabar la Guerra de Independencia empezó una época de oro para la ciudad. En pocos años Nueva York se convirtió en la ciudad más grande de los Estados Unidos y, a partir de 1830, de todo el continente, gracias sobre todo a su puerto:

*Una foto de época del **Brooklyn Bridge**, inaugurado el 24 de mayo de 1883, y una vista de Nueva York en los años cuarenta, donde son claramente reconocibles el edificio más alto de la ciudad, el **Empire State Building** (1931) y, el tercero a partir de la izquierda, el **Chrysler** (1930).*

*A la izquierda, una histórica foto de la **Quinta Avenida**.*

residentes eran de origen extranjero. Los nuevos llegados se establecieron sobre todo en la parte sur de la ciudad, creando barrios que durante más de un siglo conservaron sus particulares características étnicas, tales como el Lower East Side de los judíos europeos, Little Italy y Chinatown. Mientras tanto, Nueva York seguía expandiéndose hacia el norte.
En 1857, la construcción del Central Park — el primer parque urbano proyectado en los Estados Unidos — fue confiada a los arquitectos Frederick Law Olmsted y Calvert Vaux. Después de dos años de trabajo que vio la actividad de 20.000 obreros, el parque fue inaugurado en el invierno de 1859 e inmediatamente se convirtió en una de las atracciones principales de la ciudad, con más de 7 millones de visitantes al año registrados en el período de su apertura.
En 1860, la población de Manhattan y del adyacente Brooklyn superó el millón de habitantes. En el siglo XIX, Nueva York se estaba transformando en la gran metrópoli cosmopolita que

conocemos hoy gracias al floreciente comercio y a la introducción de numerosas tecnologías nuevas que permitieron llevar adelante a una ciudad de tales dimensiones. Entre ellas, el alumbrado a gas y luego eléctrico de las calles, un sistema de transporte público y el acueducto que entonces era el más grande y eficiente del mundo. El símbolo más famoso de esta fase de la historia de la ciudad es ciertamente el puente de Brooklyn (1883), conceptuado todavía hoy como una obra maestra de la ingeniería moderna.

En 1898, un referéndum público aprobó la unión de Manhattan, Queens, Brooklyn, Staten Island y el Bronx bajo una única municipalidad, y la ciudad alcanzó así casi 3 millones y medio de habitantes. En los primeros años del siglo XX, Nueva York vivió su segunda época de oro gracias a la afirmación de Wall Street como centro económico-financiero del país. Por esos años adquirieron notoriedad e importancia pública figuras legendarias de la historia económica de los Estados Unidos, tales como el financiero John P. Morgan y los empresarios John D. Rockefeller, Andrew Carnegie y Frank W. Woolworth, que fundaron las primeras grandes dinastías de los Estados Unidos. Justamente a dicha época se remontan el Chrysler Building y el Empire State Building. Esta fase positiva de la historia de la ciudad terminó bruscamente a comienzos de los años treinta con la Gran Depresión. El new deal o programa de recuperación económica y reforma social propuesto por el presidente Franklin D. Roosevelt ayudó a la ciudad a salir de la crisis, mientras que el estallido de la Segunda Guerra Mundial

creó nuevos puestos de trabajo gracias a los importantes astilleros de Brooklyn.

A partir de 1945 el carácter de la ciudad empezó a cambiar, disminuyendo las actividades industriales para dar espacio al sector terciario. Entre los años cincuenta y sesenta, un nuevo boom en el campo de la construcción dio a la ciudad el Rockefeller Center y el Lincoln Center, mientras empezaba a abrirse camino el proyecto del World Trade Center, cuya realización ocupó un espacio de tiempo que va de 1971 a 1976. En los años setenta, la crisis económica mundial se dejó sentir pesadamente también en Nueva York, que en 1975 estuvo a punto de ir a la bancarrota a causa del enorme déficit del balance. Gracias a un empréstito federal la ciudad se recobró, y a comienzos de los años ochenta Nueva York había emprendido nuevamente el camino de la prosperidad. A fines del siglo XX, Nueva York se había convertido en el símbolo internacional de la gran metrópoli cosmopolita; en particular, el World Trade Center pasó a ser el objetivo preferido de atentados terroristas llevados a cabo por los integralistas islámicos, acérrimos enemigos del sistema y la cultura de los países occidentales. Las Torres Gemelas fueron atacadas dos veces: en 1993, un coche-bomba en el garaje provocó seis víctimas; pero el segundo atentado del 11 de septiembre de 2001 causó el desmoronamiento de las torres y se cobró aproximadamente 2.800 vidas. Este trágico evento ha marcado seguramente no sólo la historia de esta ciudad, sino también la de todo el mundo.

GROUND ZERO: LA RECONSTRUCCIÓN

"Cimientos de la Memoria" (Memory Foundations): así se llama el proyecto del arquitecto Daniel Libeskind que, a escasos 18 meses de la tragedia, ganó el concurso para la reconstrucción de la zona donde surgía el World Trade Center. El grupo de edificios con formas de polígonos irregulares albergará un recorrido abierto al público en los cimientos del WTC, un Museo y un Parque de los Héroes, donde cada año – el 11 de septiembre - la luz del sol resplandecerá sin sombras entre las 8,46 (hora del primer ataque) y las 10,28 (hora de la caída de la segunda torre). Por último, con la Torre de la Antena (Antenna Tower), Nueva York volverá a ser la ciudad con el rascacielos más alto del mundo: en efecto, su aguja con jardín vertical alcanzará los 541,3 m. Este plan ofrece, pues, las líneas generales para la reconstrucción; sin embargo, casi con seguridad sufrirá algunas modificaciones en su realización para poner de acuerdo a los diferentes componentes políticos, comerciales y sociales que – como en el caso de las Torres Gemelas – toman parte en este histórico proyecto. En todo caso, el **Memorial** dedicado a las víctimas del 11 de septiembre será el corazón del nuevo World Trade Center.

El World Trade Center y las Torres Gemelas

Historia de un símbolo

Visibles a gran distancia y únicas en el mundo en su sencilla y elegante duplicidad, las Torres Gemelas fueron durante casi treinta años una puerta, un marco, un doble faro para esa fantástica ciudad que es Nueva York. Desde sus observatorios se disfrutaba de una vista magnífica de toda la ciudad y de su puerto, incluida la Estatua de la Libertad. Pese a que no gozaron jamás del favor de los expertos en arquitectura, su inconfundible silueta se convirtió inmediatamente en una popular meta turística y en un símbolo de la Gran Manzana, reconocido en todo el mundo. Así como el Empire State Building, las torres del World Trade Center no fueron jamás simples edificios destinados a oficinas o rascacielos que buscaban establecer un récord de altura. En efecto, ambas obras no sólo encierran el espíritu de épocas importantes en la historia de la ciudad, sino que introducen innovaciones técnicas en el campo ingenieril y de la construcción. El equipo de proyectistas fue guiado por el arquitecto Minoru Yamasaki y contó con el asesoramiento del estudio de Emery Roth, que tenía una larga experiencia en edificios de ese tipo en la ciudad de Nueva York. Los trabajos de construcción duraron siete años y las Torres Gemelas fueron inauguradas en 1973, convirtiéndose inmediatamente en un componente predominante del horizonte de la ciudad. En un contexto histórico más amplio, el World Trade Center fue concebido en la segunda posguerra como símbolo de la prosperidad y pujanza económica alcanzadas por Estados Unidos a nivel mundial. Justamente como símbolo de ese espíritu norteamericano en la segunda mitad del siglo XX, las torres se convirtieron en el objetivo de los atentados terroristas que llevaron a su trágica destrucción el 11 de septiembre de 2001.

y las Torres Gemelas

*La construcción de una de las **Twin Towers**, el 20 de octubre de 1970. Al fondo, a la derecha, destaca el **Empire State Building** con su antena.*

*El la página de enfrente: la construcción de una de las Torres y la del **World Trade Center** visto desde lo alto. En la Torre Norte se puede ver, en el centro, el espacio reservado a los ascensores.*

Desde los cimientos hasta los observatorios: la construcción del símbolo de una época

La idea del WTC como expresión del éxito o, según los puntos de vista, del predominio económico norteamericano de la posguerra, empieza a abrirse camino en los años cincuenta. Según sus promotores, se habría tratado de un centro para reunir bajo el mismo techo a las empresas públicas y privadas más prestigiosas del comercio internacional. El WTC habría sido, pues, la celebración del milagro de Nueva York y de su puerto que, entre los siglos XIX y XX, había llevado a esa metrópoli una notable fortuna económica. El conjunto del World Trade Center tuvo siempre críticos inexorables y sostenedores apasionados. Es significativo el hecho de que a realizar y administrar el conjunto del World Trade Center fuese un ente público - la **Port Authority of New York and New Jersey (PANYNJ)** - y no uno de los constructores privados que de siempre dominaban el mercado inmobiliario de la ciudad y, sobre todo, competían por la construcción del rascacielos más alto. Es más, el proyecto encontró la oposición de importantes empresarios neoyorquinos, que

temían el bajón del valor de los inmuebles en Manhattan; a ellos se sumaron los políticos, que hubieran preferido invertir de otra manera esos centenares de millones de dólares. Ello explica por qué pasaron cuatro años entre la aprobación oficial de la obra – anunciada el 27 de marzo de 1962 por el Gobernador del Estado de Nueva York, Nelson Rockefeller – y el comienzo efectivo de los trabajos.

La demolición de los viejos edificios en el área de 16 acres comprendida entre Vesey Street, Liberty Street, Church Street y West Street empezó en 1966. Los problemas técnicos que presentaba ese proyecto eran notables, mas fueron resueltos brillantemente por los ingenieros de la PANYNJ y sus colaboradores. En primer lugar, para poder construir cimientos seguros hubo que excavar a aproximadamente 23 m (70 ft) de profundidad hasta alcanzar el estrato rocoso. Contemporáneamente fue necesario aislar las obras del agua, ya que originariamente el terreno pertenecía al río y había sido rellenado paulatina y artificialmente con los escombros de edificios anteriores y naves abandonadas. También había

que pensar en cómo deshacerse de
ese millón de metros cúbicos de
tierra: la solución fue la de
ensanchar la costa de la punta
sudoccidental de Manhattan,
creando así un área edificable que
valía 90 millones de dólares, en la
que habría de construirse el
exclusivo **Battery Park City**. La
construcción de edificios tan altos y
en una zona donde soplan fuertes
vientos constituía otro grave
problema, excelentemente resuelto
por los proyectistas. Al contrario de
los rascacielos que
tradicionalmente estaban
soportados por columnas portantes
internas, el proyecto de las Torres
Gemelas preveía una especie de
jaula portante externa hecha de
acero de alta resistencia y vidrio
templado. Este tipo de estructura
presentaba dos notables ventajas:
era resistente a los vientos y
dejaba vastas superficies internas
luminosas destinadas a ser
alquiladas. Las primeras paredes
externas de la Torre Norte fueron
erigidas en agosto de 1968, y la
construcción prosiguió a partir de
entonces según fases
minuciosamente sincronizadas con
la entrega de los materiales.
El último problema técnico que los
ingenieros y Yamasaki tuvieron que
afrontar fue el de los ascensores, a
los cuales les correspondía la no
fácil tarea de desplazar cada día a
decenas de millares de empleados
y visitantes entre los 110 pisos de
las torres. El innovador sistema
"skylobby" - con su mecanismo
de varios ascensores lentos y
rápidos - no sólo resolvió el
problema del tráfico, sino que
redujo sensiblemente la superficie
de los pozos de los ascensores
(véase ilustración) y permitió ganar
superficies habitables.
Los primeros inquilinos empezaron
a ocupar las oficinas de los pisos
bajos en 1970, cuando todavía se

13 de junio de 1970: las **Torres Gemelas**, todavía inacabadas, descuellan ya sobre los otros rascacielos, entre los que se reconocen el **Woolworth Building** (1913) y, más abajo en la fotografía, el **Municipal Building** (1914).

Abajo, otra imagen de las Twin Towers durante la construcción. Ambas torres habrían de alcanzar una altura de **110 pisos**.

estaba trabajando en los pisos superiores. En efecto, la Torre Norte fue terminada en diciembre de 1970 y la Torre Sur siete meses más tarde. La apertura oficial fue celebrada en 1973 con la terminación de los interiores. En esa época, el World Trade Center era ciertamente el complejo de oficinas más avanzado del mundo dotado de un sistema de telecomunicaciones de banda ancha, aire acondicionado y un eficiente sistema de ascensores. Con el correr de los años, el World Trade Center se convirtió en una auténtica ciudad dotada de hoteles (el Marriot en el 3WTC), aparcamiento interno, restaurantes, tiendas e incluso una guardería infantil.

Los observatorios

D ada la enorme popularidad del mirador del Empire State Building, los proyectistas del World Trade Center decidieron incluir dos observatorios en los planos de los edificios: uno en la Torre Sur para el público, y otro más exclusivo a destinar a restaurante de lujo. Dicha elección se confirmó inmediatamente acertada y, menos de un año después de su apertura, el observatorio festejó al millonésimo visitante. También el restaurante "Windows on the World", inaugurado en 1976 en el piso 107° de la Torre Norte, se convirtió enseguida en uno de los restaurantes más a la moda de Nueva York. Los observatorios fueron elegidos a menudo para servicios fotográficos, matrimonios y fiestas exclusivas, y bien pronto se transformaron en una de las metas preferidas de los turistas y de los mismos neoyorquinos.

*Los edificios del complejo del **World Trade Center**, hoy derribados o gravemente dañados: **1WTC**, North Tower; **2WTC**, South Tower; **3WTC**, Marriott Hotel; **4WTC**, Commodities Exchange; **5WTC**, Northeast Plaza Building; **6WTC** U.S., Custom House; **7WTC**, Tishman Center.*

Los protagonistas de proezas temerarias

*D*iferentes eventos espectaculares han marcado la historia de las Torres Gemelas. Gracias a su altura vertiginosa y a su particular combinación, ya desde los primeros años las torres se prestaron a diversas proezas temerarias. El primero fue el funámbulo francés Philippe Petit, que la mañana del 7 de agosto de 1974 dejó boquiabiertas y sin aliento a millares de personas mientras caminaba sobre un alambre suspendido en lo alto de las torres. Al año siguiente fue la vez del base jumping: Owen Quinn se tiró desde el piso 110° de la Torre Norte, abriendo el paracaídas a aproximadamente 250 metros del suelo. En 1977 tuvo lugar la escalada de la Torre Norte, una dura empresa que requirió tres horas y media y meses de preparación. Mas el joven George Willig, de 27 años y apodado "La mosca humana", no fue el único que escaló una de las torres. Ya en 1976, un viejo conocido de los rascacielos de Nueva York, el desafortunado King Kong, había trepado a la misma en la celebérrima escena conclusiva del remake con Jessica Lange. Pocos años después de su construcción, las Torres Gemelas ya podían ser consideradas como populares iconos a nivel mundial

*Desde las calles y los rascacielos de Lower Manhattan se observa a **George Willig**, la "mosca humana", en acción, el 26 de mayo de 1977.*

*Il funámbulo **Philippe Petit**, el 7 de agosto de 1974.*

Los Atentados

26 de febrero de 1993

Las Twin Towers nacieron como símbolo del éxito económico de los Estados Unidos y despertaban gran admiración, pero en los años noventa se convirtieron en el blanco favorito del terrorismo internacional antiamericano. El primer atentado fue llevado a cabo el 26 de febrero de 1993, cuando un coche-bomba repleto de artefactos explosivos estalló en el garaje de la Torre Norte creando un cráter de tres pisos. Los daños, si bien notables, se limitaron al garaje y no deterioraron las estructuras portantes del edificio. Pero el atentado hizo que en ambas torres se produjeran escenas de pánico: en efecto, la bomba había sido colocada de manera que provocara el máximo de los daños y bloqueó inmediatamente el suministro de energía eléctrica a todo el conjunto, en el que en ese momento se hallaban unas 50.000 personas. Fueron necesarias casi doce horas para

En esta fotografía de archivo tomada el sábado 27 de febrero de 1993 se ve claramente un cráter provocado por la explosión en uno de los aparcamientos subterráneos del World Trade Center.

evacuar a todas las personas que habían quedado atrapadas en la Torre Norte. La explosión causó 6 víctimas y aproximadamente un millar de heridos, entre los cuales más de cien bomberos. No obstante ese trágico balance de vidas, el plan original de los terroristas de hacer caer una torre sobre la otra liberando una nube de gas cianhídrico había fracasado. Al cabo de un año las obras de reconstrucción fueron completadas, mientras que el principal ideador del atentado, Ramzi Ahmed Yusuf, fue capturado en 1995 y actualmente está expiando su culpa en una cárcel estadounidense, condenado a cadena perpetua. El mismo grupo terrorista, Al-Qaeda, guiado por el fanático Osama Bin Laden, organizó el segundo trágico atentado que el 11 de septiembre de 2001 causó el derrumbamiento de las dos torres y millares de muertos, pasando a la historia como la acción terrorista más grave del mundo. Las imágenes de ese trágico día en el que dos aviones de línea se estrellaron contra las torres están todavía grabadas indeleblemente en la memoria de todos y no serán olvidadas fácilmente.

Los Atentados

11 de septiembre de 2001

Desde las 8:46 (hora de Nueva York) del martes 11 de septiembre de 2001, el inconfundible perfil de la isla de Manhattan cambió para siempre.

El World Trade Center, icono del poder económico de los Estados Unidos, símbolo del orgullo norteamericano, esta ciudad vertical que se levantaba dentro de otra ciudad, se resquebrajó, pulverizado en "apenas" noventa minutos.

La crónica terrible y espeluznante del atentado terrorista más grave de la historia empezó en el corazón de Nueva York, allá donde cada día, desde las nueve hasta las cinco, cincuenta y cinco mil personas trabajaban en los ciento diez pisos de acero y cemento que formaban la estructura de las Torres, allá donde cien mil visitantes al día eran transportados, ocho metros al segundo, por 208 ascensores.

Arriba, en lo alto, se encontraba el "Windows on the World": el "restaurante más alto del mundo" estaba escrito en los folletos y en las guías turísticas, donde se podía cenar con la cabeza en las nubes.

Abajo, cuatrocientos más abajo, estaba la fantasmagoría de las luces de Manhattan, se entreveía el ancho curso del Hudson y del East River, la esbelta arcada del puente de Brooklyn.

Desde allá arriba las trescientas cuarenta hectáreas del Central Park parecían el jardín de casa.

*Martes 11 de septiembre de **2001**: la **Torre Norte**, en el corazón del Financial District, contra cuyo piso 87° se estrelló un Boeing 767.*

Allá arriba era obligatorio, aunque fuera un momento, recordarse de King Kong y de su desesperado, último abrazo a las Torres; allá arriba era imposible no canturrear el eterno motivo de Liza Minnelli, porque uno se sentía verdaderamente "king of the hill, top of the heap".

O uno se paraba en la gran tienda de recuerdos, y allí podía llevarse un pedacito de la Gran Manzana. Podía ser una de aquellas bolas de plástico que voltean la nieve sobre una Manhattan en miniatura con Torres, Estatua de la Libertad y Empire apretados todos juntos en una más que nunca improbable perspectiva.

Podía ser un libro, un calendario, una t-shirt, una postal enviada a los amigos donde señalábamos con el bolígrafo una flecha en el piso más alto para hacer ver que "nosotros" estábamos exactamente allí.

Desde "arriba" nos divertíamos a mirar "abajo", a señalar con el dedo las proporciones de los coches, de la gente, de los otros edificios, tan minúsculos que no esperábamos otra cosa más que bajar para volver a recuperar nuestras proporciones "humanas".

Había sólo una forma para fotografiarlas, la de retroceder en el World Trade Center y, con la cabeza hacia atrás, tratar de hacerlas entrar en nuestras cámaras fotográficas para turistas.

Los números que marcaron la historia de las Torres - su altura, cuántas ventanas, los millones de dólares, las toneladas de peso, los kilómetros de cables eléctricos - los números de récords, deben desde hoy ser olvidados para dejar lugar a otros números, mucho más terribles: el de los muertos, el de los heridos, de aquellos que se curarán y de aquellos que llevarán, durante mucho tiempo, en el cuerpo y en el alma, las cicatrices de aquel día.

La idea de Minoru Yamasaki, el arquitecto japonés que las había proyectado, era que se volvieran la representación viva de la confianza del hombre en la humanidad. Nos preguntamos, hoy, a la luz de los terribles acontecimientos que cambiaron el rostro de Manhattan, qué más se derrumbó, a las 10:07 y a las 10:28 del martes 11 de septiembre de 2001, junto con las Torres del World Trade Center.

Tal vez las Torres las reconstruirán, tal vez dejarán un espacio como testigo de aquello que no se deberá nunca olvidar.

Y aunque si los dos rascacielos fueron borrados del Manhattan Skyline, quedarán siempre en el corazón de cada uno para que ningún acto de barbarie, aun el más cruel, pueda hacer desaparecer las Creaciones del hombre civil.

Las terribles imágenes del ataque terrorista a Nueva York llevaron a las casas del mundo entero la más dramática crónica en directo de nuestros tiempos.

A las 8:46 delante de miles de personas que se aprestaban a vivir una jornada normal, un avión de American Airlines, secuestrado por un comando de terroristas, se estrellaba contra una de las dos Torres del World Trade Center, en el corazón de Manhattan. Dieciocho minutos después, mientras las telecámaras de las televisiones encuadraban el humo y las llamas que se desprendían de la torre norte, un segundo avión centraba la otra torre.

Dentro de los aviones, personas inocentes transformadas en bombas humanas, se dirigían hacia blancos llenos de otras personas igualmente inocentes.

La agonía de los dos gigantes duró una hora y media: durante ese tiempo, en el interior de las Torres, se desarrollaron dramas y tragedias que luego fueron documentados por las voces de los sobrevivientes, por los informes de los auxiliadores, por las imágenes de los fotógrafos que tomaron, también ellos petrificados por el horror, las desgarradoras llamadas de auxilio, los desesperados gestos de terror, los últimos instantes de vida de decenas de seres humanos que, para escapar de las llamas, se arrojaron por las ventanas de los últimos pisos.

En esos larguísimos noventa minutos se decidió el destino de miles de personas que se encontraban, a

esa hora y ese día, en aquel lugar. Atrapadas en lo que hasta el día anterior fuera un tranquilo lugar de trabajo, las personas que se salvaron del terrible impacto del avión afrontaron el largo descenso a pie hacia abajo, hacia el exterior, hacia la salvación: una bajada larga noventa minutos, eterna para quien estaba acostumbrado a bajar los dos colosos en mucho menos tiempo.
A las 10:07 el mundo asistió,

impotente, al derrumbe de la torre sur y veinte minutos después, al de la segunda, Se fueron, desmoronadas, en medio de una enorme nube de polvo que cubrió Nueva York oscureciéndola, casi como si quisiera esconder todavía por un poco los estragos causados en Manhattan.

*Lo viejo y lo nuevo en una dramática imagen del atentado del 11 de septiembre: el **Empire State Building** y las **Torres Gemelas** gravemente dañadas en el fondo.*

La trágica secuencia del ataque terrorista que cambió el aspecto de Nueva York.

La discutida arquitectura

Las Torres Gemelas fueron siempre poco apreciadas por los arquitectos: tal vez porque en la PANYNJ se imponía una cultura ingenieril, se prefirió confiar el proyecto a **Minoru Yamasaki** antes que a un arquitecto renombrado. En efecto, dicho arquitecto se demostró dispuesto a colaborar con los ingenieros y a seguir las directivas del ente en términos de volumen y empleo de los espacios. Yamasaki, como otros arquitectos de la época, estaba explorando alternativas al estilo internacional que desde hacía treinta años dominaba en el campo de la arquitectura. En efecto, este arquitecto norteamericano de familia japonesa pertenecía a la escuela del **Neoformalismo**, un estilo que había quedado un tanto postergado después de la explosión del Postmodernismo en los años setenta. El Neoformalismo se proponía reinsertar en los edificios agradables detalles ornamentales y abandonar el dogma de las fachadas enteramente de cristal, típicas del estilo internacional. Entre las obras realizadas por Yamasaki se señalan el Mc Gregor Memorial Conference Center en Detroit, el Pabellón de las Ciencias para la exposición de Seattle de 1962 y el Plaza Hotel de Los Ángeles. Yamasaki obtuvo el encargo del World Trade Center en 1962 y, después de centenares de bosquejos, llevó a término el proyecto definitivo de dos torres que daban a una plaza rodeada de otros cinco edificios. Según ese plano inicial, las torres tendrían que haber tenido entre 80 y 90 pisos. Pero la PANYNJ estaba decidida a construir las torres más altas del mundo; y así, el proyecto las llevó a 110 pisos. Dichas construcciones requirieron una estrecha colaboración con los ingenieros y la introducción de importantes innovaciones, tales como los muros portantes exteriores y las numerosas y estrechas ventanas a toda altura y entrantes, que permitían la máxima visibilidad desde el interior sin la desagradable sensación de vértigo. Como ya hemos dicho, los expertos en arquitectura han mirado siempre con aire de suficiencia este conjunto; mas su enorme éxito popular fue seguramente un notable motivo de orgullo para su autor.

En el pasado como en el presente: un puerto internacional

La mitad del área en la que surgía el conjunto del World Trade Center originariamente formaba parte del puerto de Manhattan, y durante las excavaciones para construir los cimientos se descubrieron numerosos e interesantes derrelictos. Entre éstos, los restos del galeón "Tiger" que naufragó en 1613 a causa de un incendio, el edificio que albergaba el popular Washington Market en el siglo XIX, balas de cañón y antiguas anclas, así como numerosos objetos abandonados en el río, tales como botellas, zapatos, pipas y otras cosas de uso cotidiano. Esos objetos dan testimonio de que desde la fundación de la ciudad esta zona fue destinada principalmente al comercio. Y un centro dedicado a los intercambios internacionales constituía, seguramente, el coronamiento de ese pasado.

Las grúas "canguro"

Entre los innumerables problemas técnicos que los ingenieros del World Trade Center tuvieron que afrontar estaba también el de cómo levantar los materiales de construcción a gran altura. La Porth Authority descubrió una firma australiana que fabricaba potentes grúas — llamadas "Kangaroo", es decir, canguro — que, una vez colocadas en el pozo de los ascensores, podían subir junto con los edificios.

*Un panorama de Manhattan y del **Brooklyn Bridge** después de la destrucción de las Torres Gemelas.*

Las Torres Gemelas en cifras

Altura de la Torre Norte (WTC 1)	**417 m (1.368 ft)**
Altura de la Torre Sur (WTC 2)	**415 m (1.362 ft)**
Dimensiones de los lados	**63,4 x 63,4 m (208 x 208 ft)**
Pisos construidos	**110**
Pisos subterráneos	**7**
Costo de la construcción	**1.500 millones de dólares**
Acero empleado en la construcción (total WTC)	**185.000 t**
Total de obreros	**7.500**
Muertos por accidentes en la obra	**8**
N.° total de ventanas de las torres	**43.600**
Ascensores por cada torre	**97 de pasajeros + 6 montacargas**
Capacidad de cada ascensor	**55 personas**
Capacidad del garaje subterráneo	**2.000 coches**
Altura de la antena del transmisor	**104 m (341 ft)**

Los Rascacielos

Gigantes en Nueva York

FLATIRON (Fuller Building)
1902 (87 m de altura)
WOOLWORTH
1913 (241 m de altura)
CHRYSLER
1930 (319 m de altura)
EMPIRE STATE BUILDING
1931 (381 m de altura)
GENERAL ELECTRIC
BUILDING
(Rockefeller Center)
1940 (259 m de altura)
METLIFE
1963 (246 m de altura)
TWIN TOWERS
1972-1973
(417 y 415 m de altura)
TRUMP TOWER
1983 (202,5 m de altura)

Aunque ya pasaron más de cien años desde la construcción del primer rascacielos, el perfil de Nueva York en el horizonte sigue cambiando. La pasión suscitada por estas torres que parecen desafiar a las alturas y casi tocar el cielo no ha disminuido, en absoluto. Varias generaciones de arquitectos se han medido con este tipo de edificio aplicando nuevos estilos arquitectónicos, realizando audaces estructuras, introduciendo nuevos materiales y proponiendo soluciones originales. Nueva York es ahora ya una ciudad construida hacia lo alto; y pasear por sus calles entre estos gigantes de acero y hormigón armado puede llegar a convertirse en una experiencia que cohibe porque, vistas desde la acera, sus moles parecen deshumanas y a veces es difícil divisar sus cúspides. Pero subiendo a los observatorios se puede disfrutar de una vista fascinante, que permite apreciar el ingenio y el empeño que han creado estas construcciones. No hay que olvidar que detrás de cada uno de esos gigantes hay siempre seres humanos, y observando sus creaciones se pueden percibir los sueños, las ambiciones, la voluntad y la pericia que permitieron realizar este sueño milenario.

*Abajo, **Lower Manhattan**, bañada por el **Hudson** y el **East River**.*

de Manhattan

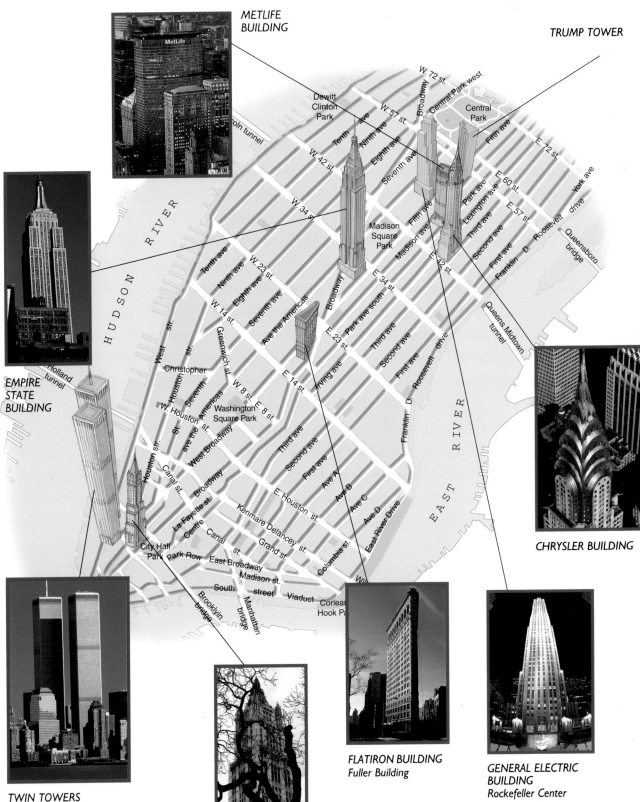

METLIFE BUILDING

TRUMP TOWER

EMPIRE STATE BUILDING

CHRYSLER BUILDING

GENERAL ELECTRIC BUILDING
Rockefeller Center

FLATIRON BUILDING
Fuller Building

WOOLWORTH BUILDING

TWIN TOWERS
El World Trade Center antes del ataque
terrorista del 11 de septiembre de 2001

25

Twin Towers

Situadas en el extremo sur de la isla de Manhattan, las imponentes Torres Gemelas formaban parte de uno de los complejos comerciales más grandes del mundo: el World Trade Center (Centro del Comercio Mundial), comprendido entre las calles Vesey Street, Liberty Street, West Street y Church Street. La idea nació a comienzos de los años sesenta para dar nuevo impulso a los barrios céntricos ("downtown") como área comercial y financiera: en efecto, inicialmente tendría que haberse trasladado allí también la bolsa de Nueva York. Los financiadores examinaron centenares de proyectos antes de escoger los estudios de Minoru Yamasaki y Emery Roth. Las obras de construcción se emprendieron en 1969 y en ellas se emplearon 185.000 toneladas de acero; los elementos prefabricados en el Midwest fueron colocados gracias a ocho grúas expresamente proyectadas en Australia. Las dos torres del World Trade Center fueron inauguradas el 4 de abril de 1973: el 1 WTC tenía una altura de 521 metros (que incluían el repetidor de televisión); el 2 WTC tenía 415,5 metros de alto; mientras que los cimientos alcanzaban una profundidad de 23 metros. Si bien las torres eran poco interesantes desde el punto de vista estilístico, cuando fueron inauguradas estaban dotadas ya de un

En el Winter Garden

El espectacular Jardín de Invierno se encuentra en el edificio del World Financial Center, adyacente al World Trade Center, con el que estaba conectado a través de un pasadizo sobreelevado cubierto. Esta construcción de cristales y acero ofrece una vista magnífica de Ellis Island y las riberas del río Hudson. Bajo su alta nave se encontraba un palmar, que servía de jardín a las cafeterías, los restaurantes y las librerías que lo circundaban, mientras que la original escalera semicircular de mármol rojo y gris se transformaba en un anfiteatro durante los numerosos espectáculos que se llevaba a cabo en este mágico rincón de Nueva York.

*En el extremo sur de la isla de Manhattan, los dos paralelepípedos de las **Twin Towers** se levantaban hacia el cielo y, con sus más de 400 metros de altura, caracterizaban el perfil de la ciudad.*

sistema para las telecomunicaciones sumamente avanzado, constituido por la primera red audio-vídeo de fibra óptica para uso comercial, jamás instalada antes en los Estados Unidos. En el último piso se encontraba el observatorio, que ofrecía una de las vistas más vertiginosas de Nueva York y del río Hudson, con Staten Island, Ellis Island y la Estatua de la Libertad. En el piso 107° se encontraba también el renombrado restaurante y bar "Windows on the World", que era uno de los puntos de encuentro más elegantes de la ciudad.

El nacimiento del rascacielos

En 1950, con el añadido sobre la **torre** de una **antena**, originariamente usada para las transmisiones radiofónicas, el Empire conquista la altura total de 443,2 metros.

Los edificios concebidos con un **desarrollo escalonado** permitían no quitar luz a las construcciones colindantes y eliminar las fuertes corrientes de aire que se creaban.

Los primeros edificios de este tipo aparecen a fines del siglo XIX, los años del primer "boom" comercial e industrial de Nueva York; y a dicho período se remontan también una serie de innovaciones tecnológicas determinantes, tales como la invención del ascensor, la elaboración industrial del acero y la invención de los materiales ignífugos. El Tower Building, inaugurado en 1888 y con 13 pisos de altura, está considerado como el primer rascacielos construido en Nueva York. Arquitectónicamente, estos primeros edificios se inspiraban en estilos del pasado, como el neogótico y el neoclásico; los mejores ejemplos de esta época son el Flatiron Building y el imponente Woolworth Building, apodado "la catedral del comercio" por los contemporáneos. Muy pronto se advirtió que estos rascacielos quitaban luz a los edificios colindantes y creaban fuertes corrientes de aire en las calles por debajo de ellos. Por eso, en 1916 la ciudad de Nueva York introdujo leyes urbanísticas que obligaban a disminuir la superficie construida a medida que la altura se elevaba: ello determinó la construcción del característico rascacielos escalonado. En esa época, el ramo de la construcción estaba considerado como una excelente inversión sobre todo en Nueva York, cuyo crecimiento parecía irrefrenable. Los barrios residenciales se iban desarrollando horizontalmente, determinando el ensanche de la ciudad hacia los suburbios, mientras que el crecimiento en vertical del distrito comercial del centro estaba cambiando para siempre el horizonte de la ciudad. En 1929 ya había 188 rascacielos en Nueva York. Pero a finales de los años treinta se empezaron a captar los primeros indicios de saturación del mercado; en efecto, la oferta de espacios comerciales superaba decididamente la demanda.

A partir de los años veinte, la influencia del art déco y de la Bauhaus se hizo sentir hasta dar origen a dos admirables edificios de Nueva York: el Chrysler Building y el Empire State Building. En la década sucesiva empieza a afianzarse el estilo modernista, un estilo que florecerá después de la segunda guerra mundial con el movimiento internacionalista. Los motivos y las formas lineales, junto con las grandes aberturas acristaladas, caracterizan los edificios de este período, como el Palacio de la O.N.U., las Torres Gemelas y el Palacio PanAm. En los años ochenta llega el momento del posmodernismo, que en arquitectura da vida al movimiento neomodernista y deconstructivista. En efecto, como reacción contra lo que se había convertido en un estilo banal, los arquitectos proyectan ahora edificios originales que combinan, reinterpretándolos, motivos de estilos anteriores. La Trump Tower es un ejemplo de ello: por las grandes aberturas acristaladas y las líneas rectas recuerda el estilo internacional, pero el original corte diagonal y dentado del perímetro constituye un rasgo distintivo de la arquitectura deconstructivista contemporánea.

El ascensor

Los rascacielos no podrían existir, si antes no se hubiera inventado el ascensor. El primer ascensor de vapor fue ideado en 1852 por Elisha Otis. Cinco años después, la sociedad E. G. Otis instaló el primer ascensor comercial de pasajeros en uno de los grandes almacenes de Nueva York. En 1873, en los Estados Unidos ya funcionaban más de 2.000 ascensores. En los años sucesivos, Otis presentó su nueva obra: el ascensor hidráulico, menos costoso y más eficiente que el de vapor. El primer ascensor eléctrico apareció en 1889; en 1924, el ascensor se convierte en semiautomático, deteniéndose en los pisos programados sin necesidad del ascensorista.

La introducción del ascensor completamente automatizado data de 1948; en 1982, gracias a la tecnología de frecuencia variable, la aceleración y las paradas se vuelven más graduales.

La última innovación data de 1996, cuando fue presentado el revolucionario sistema Odissey, en el que las cabinas se mueven tanto vertical como horizontalmente y pueden compartir el mismo pozo, abriendo así las puertas a una nueva generación de ascensores.

*Las fotografías de **Lewis Wickes Hine** testimonian el coraje y la temeridad de esos obreros que se encaramaron a vertiginosas alturas durante la construcción del **Empire State Building**.*

© Collection of The New-York Historical Society (Negative Number 58337)

Los "cowboys" del cielo

"Se movían como minúsculas arañas, tejiendo con esmero una tela de acero contra el cielo", *The New Yorker*. Unos tres mil hombres, entre obreros especializados y peones de albañil, trabajaban cada día en la construcción del Empire State Building.

Las ahora ya celebérrimas fotografías de Lewis Wickes Hine, que documentan la febril actividad de esa gente, forman parte seguramente de las obras maestras de la fotografía social del siglo XX. En particular, han pasado a la historia las imágenes de las acrobáticas maniobras de los obreros metalúrgicos, que con extrema agilidad y desenvoltura colocaban y soldaban las vigas de acero, colgados en el aire a centenares de metros de altura.

En una semana, esas cuadrillas de soldadores ensamblaban unas 2.400 toneladas de acero, logrando así llevar a término su contrato en sólo seis meses.

Empire State Building

*El **Empire State Building** se levanta en el centro de Manhattan, en el cruce de las calles 33 y 34 con la Quinta Avenida.*

Situado en la 5th Avenue, entre la 33rd y la 34th Street, el Empire State Building se encuentra en pleno corazón del distrito comercial de Nueva York y está construido en un solar de casi 7.340 m^2. Su dirección - 350 Fifth Avenue - ya era célebre antes de la construcción de esta obra maestra de la arquitectura moderna. En efecto, en su lugar surgía el Waldorf Astoria, el hotel que ha caracterizado toda una época como lugar de encuentros mundanos, políticos y de negocios y que en los años treinta se desplazó a la actual dirección de Park Avenue. Todavía antes, aquí se levantaba la mansión de Caroline Schermerhorn Astor, cuyo famoso "Baile de los 400" era la reunión más importante de la "jet-set" neoyorquina en los años de la "belle époque". En las cercanías se encuentra Macy's (1902), los célebres grandes almacenes donde todavía funciona la primera escalera mecánica del mundo, construida enteramente en madera. Entre las otras atracciones de los alrededores se señalan el complejo del Madison Square Garden (32nd Street y 7th Avenue); la iglesia de St. John the Baptist (34th Street y Broadway), con el tabernáculo de Napoleon Le Brun; y el General Post Office (Correos), emplazado en 33rd Street y 8th Avenue, uno de los mejores ejemplos de la arquitectura neoclásica de la ciudad ('estilo bellas artes'), abierto las 24 horas del día.

*En las páginas 36-37: panorama de **Manhattan** hacia el norte, en el que se divisa la zona del **Central Park**.*

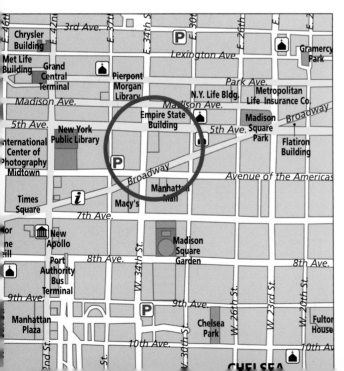

Zoom sobre el Empire

Aunque desde 1972 haya perdido el récord en altura que mantuvo durante más de cuarenta años, el Empire State Building sigue ostentando aún algunas primacías. Desde el punto de vista artístico, fue el primer rascacielos norteamericano que asimiló la lección de la escuela modernista desarrollada en Europa por la Bauhaus. La sencillez del diseño y la armonía entre sus diferentes elementos confieren a este edificio una sobria elegancia aún no superada. Los entrantes de sus fachadas, por ejemplo, no sólo añaden sugestivos efectos de sombras y profundidades, sino que aumentan también el número de las oficinas angulares, preferidas por su mayor luminosidad. El Empire State Building fue también el primer edificio que utilizó montantes vistos de metal cromado, con finalidades técnicas y a la vez ornamentales, a fin de enfatizar el impulso vertical del rascacielos. Este recurso, que permitió reducir sensiblemente el peso específico de la construcción, está conceptuado como una revolucionaria innovación arquitectónica. También al proyectar los interiores se introdujeron importantes novedades, tales como la subdivisión de las oficinas con paredes semipermanentes, que ha permitido ofrecer a los inquilinos oficinas a la medida; la ubicación de los aparatos de calefacción debajo de las ventanas, para ahorrar espacio y esconderlos a la vista; por último, el emplazamiento central del pozo de los ascensores ha

Una antena televisiva de 62 metros de altura fue instalada en 1950.

La descollante torre fue concebida para el amarre de los dirigibles.

Los observatorios, célebres por el espléndido panorama que ofrecen de la ciudad.

Ya desde su construcción, el auténtico secreto de la fortuna del Empire fueron los observatorios, porque de siempre han atraído un número de visitantes en constante aumento. En realidad, el proyecto original preveía sólo uno de ellos, en el piso 86º (que también tenía que ser el último). Al añadirse la torre, se pudo crear otro también en el piso 102º.

La superficie exterior del rascacielos, perforada por 6.500 ventanas.

Un espectáculo fascinante, que confiere al Empire State Building un aspecto particularmente sugestivo y de gran luminosidad, que aumenta cuando, para las grandes ocasiones, se encienden los potentes faros con luces de colores instalados en los últimos 30 pisos. Cada color está reservado para una específica fiesta o celebración.

Los ascensores del Empire son 73: suben y bajan a altísima velocidad.

Divididos entre ascensores propiamente dichos y montacargas, logran recorrer casi 400 m por minuto; constituyen así un insustituible medio de transporte, indispensable para la vida cotidiana en el Empire State Building.

permitido obtener la máxima superficie habitable en cada piso. Desde el punto de vista de la ingeniería, este rascacielos es el primer edificio construido con elementos prefabricados según medidas estándar, elementos que en la obra solamente se ensamblaban, como por ejemplo vigas, pilares y ventanas. Y fue precisamente este sistema lo que permitió una velocidad de construcción digna de récord: casi cuatro pisos y medio por semana. En efecto, las operaciones fueron organizadas con la máxima eficiencia, como una auténtica "cadena de montaje": por ejemplo, en cada piso se construyó un sistema de transporte sobre rieles para distribuir los materiales velozmente y con el mínimo esfuerzo; y en el semisótano, los camiones vaciaban su carga directamente en los ascensores que la llevaban a destino. Mas la construcción del Empire representaba también un auténtico espectáculo para todos los neoyorquinos. En efecto, todos los días se reunía en torno a la obra una muchedumbre fascinada por la extraordinaria marcha de los trabajos y, sobre todo, por las auténticas maniobras acrobáticas que realizaban los obreros suspendidos a centenares de metros de altura. Las célebres fotografías de Lewis Hines documentan esta frenética actividad, histórica tanto para la ciudad como para sus trabajadores. La ímproba tarea de 3.000 obreros fue coordinada con la máxima precisión, y los proveedores fueron escogidos no sólo por la calidad de sus productos, sino también por la seriedad con que respetaban los plazos. Gracias a esta eficiente organización logística, el Empire State Building pudo ser completado en un año y 45 días, con un mes de anticipación respecto a la fecha prevista. El Empire State Building puede ser considerado, pues, como una auténtica obra maestra de belleza y eficiencia.

Los elementos prefabricados que componen el edificio permitieron su rápida construcción.
El rascacielos creció al vertiginoso ritmo de cuatro pisos por semana. La cubierta se había previsto de ladrillo, mientras que en torno a las ventanas se utilizaron paneles de acero y terminaciones del mismo metal.

© Collection of The New-York Historical Society (Negative Number 67435)

1930. Algunos obreros trabajando a vertiginosa altura, tratando de colocar un pesado lastrón, durante la construcción del rascacielos.

Datos técnicos

Accesos: 5 entradas sobre 33rd St., 5th Ave. y 34th St.
Altura total: 443, 2 m
Altura de la antena: 62 m
Pisos: 102
Escalones: 1.860
Ventanas: 6.500
Superficie ocupada: 7.340 m²
(129 x 56,9 m)
Peso: 365.000 toneladas
Peso de la armadura de acero:
60.000 t (terminada en 23 semanas)

Soportes en la base: 200 pilares de acero y hormigón
Revestimiento: 10 millones de ladrillos
Profundidad de los cimientos:
16,7 m
Ascensores: 73
(capaces de recorrer 360 metros por minuto)
Observatorios: 2 (pisos 86° y 102°)
Personal encargado de la manutención:
150 personas

Chrysler Building

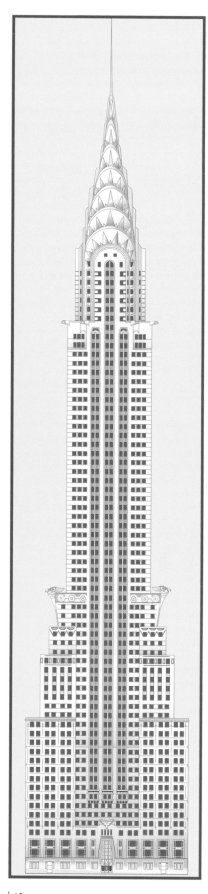

*La aguja de acero y el estilo único del **Chrysler Building** lo convierten en uno de los símbolos de la ciudad.*

El Chrysler Building es ciertamente uno de los rascacielos más reconocibles del mundo por su originalísima cúspide de acero en estilo art déco. Construido en 1930, este edificio de 77 pisos se encuentra en 405 Lexington Avenue, a la altura de la 42nd Street, y tiene 319 metros de altura. La construcción fue emprendida inicialmente por el ex senador William J. Reynolds, al que sucesivamente le substituyó Walter P. Chrysler, de la homónima casa automovilística. Como muchos otros magnates que en esa época se lanzaron en este tipo de empresas, el motivo esencial que empujó a Walter Chrysler era el interés propagandístico, es decir, el prestigio que el rascacielos más alto del mundo podría haber aportado a su nombre y a sus actividades. Por ello, el proyecto del arquitecto neoyorquino William Van Alen fue modificado varias veces, a fin de que el Chrysler Building pudiese obtener esa primacía. Poco antes de la terminación de los trabajos, Van Alen se sacó de la manga la carta ganadora: una aguja de 56 metros, construida en gran secreto dentro de la obra, que fue colocada sobre la cúpula en escasos 90 minutos. Mas fue una victoria que duró muy poco, puesto que el récord le fue arrebatado por el Empire State Building al cabo de algunos meses. La característica cúpula de acero de Nirosta es seguramente el elemento más fascinante de este edificio. El revestimiento de acero inoxidable ha sido dispuesto de manera radial, con numerosas ventanas triangulares que siguen las siete curvas parabólicas concéntricas en los cuatro lados de la cúpula. Las fachadas del edificio son mucho menos originales, con motivos de cuño oriental en blanco, negro y gris. A petición de Chrysler, Van Alen añadió decoraciones relacionadas con la casa automovilística – tales como coches estilizados y motivos inspirados en las llantas de los vehículos -, mientras que en los entrantes de los pisos superiores colocó algunas falsas gárgolas en estilo gótico y enormes águilas de acero, cuyas alas eran el símbolo de la empresa. Lamentablemente, estos elementos decorativos son escasamente visibles desde la calle, e incluso la base y la entrada del edificio pueden fácilmente pasar inobservadas. En cambio, los interiores son extraordinarios, y con la reestructuración emprendida en

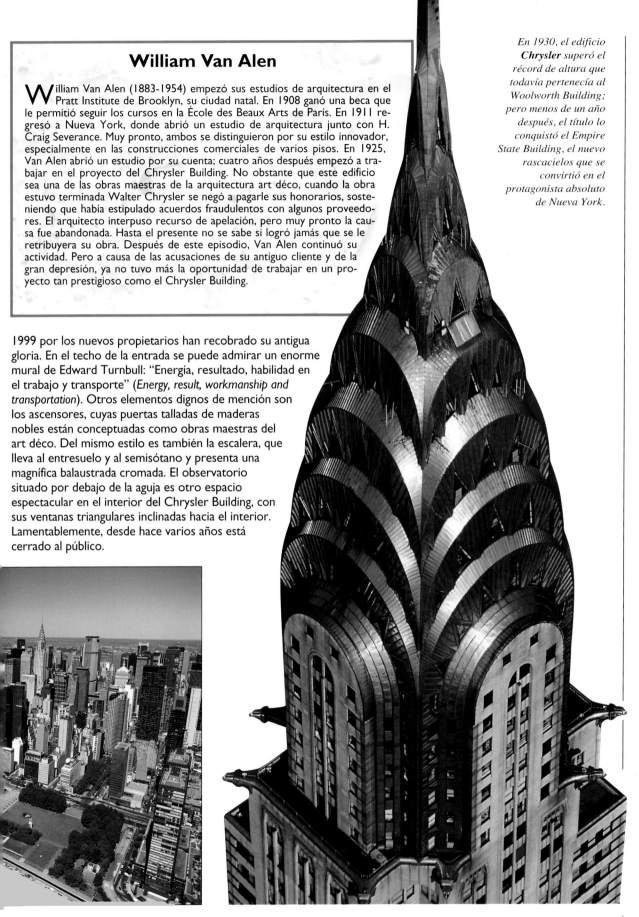

William Van Alen

William Van Alen (1883-1954) empezó sus estudios de arquitectura en el Pratt Institute de Brooklyn, su ciudad natal. En 1908 ganó una beca que le permitió seguir los cursos en la École des Beaux Arts de París. En 1911 regresó a Nueva York, donde abrió un estudio de arquitectura junto con H. Craig Severance. Muy pronto, ambos se distinguieron por su estilo innovador, especialmente en las construcciones comerciales de varios pisos. En 1925, Van Alen abrió un estudio por su cuenta; cuatro años después empezó a trabajar en el proyecto del Chrysler Building. No obstante que este edificio sea una de las obras maestras de la arquitectura art déco, cuando la obra estuvo terminada Walter Chrysler se negó a pagarle sus honorarios, sosteniendo que había estipulado acuerdos fraudulentos con algunos proveedores. El arquitecto interpuso recurso de apelación, pero muy pronto la causa fue abandonada. Hasta el presente no se sabe si logró jamás que se le retribuyera su obra. Después de este episodio, Van Alen continuó su actividad. Pero a causa de las acusaciones de su antiguo cliente y de la gran depresión, ya no tuvo más la oportunidad de trabajar en un proyecto tan prestigioso como el Chrysler Building.

*En 1930, el edificio **Chrysler** superó el récord de altura que todavía pertenecía al Woolworth Building; pero menos de un año después, el título lo conquistó el Empire State Building, el nuevo rascacielos que se convirtió en el protagonista absoluto de Nueva York.*

1999 por los nuevos propietarios han recobrado su antigua gloria. En el techo de la entrada se puede admirar un enorme mural de Edward Turnbull: "Energía, resultado, habilidad en el trabajo y transporte" (*Energy, result, workmanship and transportation*). Otros elementos dignos de mención son los ascensores, cuyas puertas talladas de maderas nobles están conceptuadas como obras maestras del art déco. Del mismo estilo es también la escalera, que lleva al entresuelo y al semisótano y presenta una magnífica balaustrada cromada. El observatorio situado por debajo de la aguja es otro espacio espectacular en el interior del Chrysler Building, con sus ventanas triangulares inclinadas hacia el interior. Lamentablemente, desde hace varios años está cerrado al público.

Flatiron Building

Aunque jamás fue el rascacielos más alto del mundo, el Flatiron Building es seguramente uno de los edificios más originales y fotografiados. Su forma triangular y su emplazamiento - en el cruce entre Fifth Avenue y Broadway, a la altura de la 23rd Street - lo han convertido en uno de los símbolos de esta metrópoli. Construido en 1902 como sede de la Fuller Construction Company, este edificio de 22 pisos y 87 metros de altura está considerado actualmente como el rascacielos más antiguo de Nueva York. En un principio su nombre era precisamente "Fuller Building"; pero la insistencia de la gente en llamarlo Flatiron (literalmente "plancha"), ha determinado que ésta se convirtiese en su denominación oficial. El proyecto fue realizado por el estudio del arquitecto Daniel Hudson Burnham, que ya había alcanzado una cierta notoriedad con la construcción de otros rascacielos en Chicago. Desde el punto de vista de la ingeniería, este edificio se distinguió inmediatamente como uno

de los más modernos de Nueva York, estando dotado de un sistema eléctrico y de calefacción autónomo. Para los exteriores de este edificio, Burnham se inspiró en el Renacimiento italiano. La idea era construirlo semejante a una altísima columna clásica rematada por capitel, gracias al juego de perspectiva. La ejecución siguió, pues, los cánones de la arquitectura tradicional: una parte inicial constituida por la planta baja, destinada a tiendas; un desarrollo en los pisos centrales; y una parte conclusiva, caracterizada por la elaborada

Daniel Hudson Burnham

Daniel Hudson Burnham (1846-1912) está considerado como uno de los mayores arquitectos y urbanistas norteamericanos de la época entre los siglos XIX y XX. Cuatro de los rascacielos proyectados por Burnham (en Nueva York, el Flatiron Building) o junto con su socio John Wellborn Root (Rookery, Reliance Building y Monadnock Building, en Chicago) están hoy tutelados como patrimonio nacional. El plan urbanístico de Chicago de la última década del siglo XIX – que, según opinión de los entendidos, anticipa los tiempos en al menos treinta años - fue imitado en otras grandes ciudades estadounidenses. Al contrario de otros arquitectos de la época, Burnham no estudió en prestigiosas escuelas de arte europeas: en cambio, una vez terminados los estudios secundarios, empezó a trabajar como aprendiz junto a los arquitectos Carter, Drake y Wight. En 1873 se separó de sus maestros para emprender su actividad profesional con su colega Root, especializándose bien pronto en rascacielos con estructura portante de acero. En 1891, año en que su socio murió, le fue confiado el proyecto de la World Columbian Exposition de 1893, que sentó las bases del desarrollo urbanístico de Chicago. Otros edificios famosos proyectados por Burnham son los grandes almacenes Selfridge's de Londres y la Union Station de Washington, ambos de 1909.

cornisa por encima del piso 21°. El arquitecto Burnham logró tan bien su intento, que en los primeros tiempos los neoyorquinos se negaban a visitar el edificio temiendo que pudiese darse vuelta a causa de los fuertes vientos que soplaban en ese específico cruce de calles. Pero si jamás las ráfagas de viento lograron hacer caer el Flatiron Building, contribuyeron, en cambio, a su popularidad. En efecto, nutridos grupos de hombres se agolpaban en torno a la punta del edificio con la esperanza de entrever, por debajo de las largas faldas convenientemente levantadas por el viento, los tobillos de las elegantes damas que por allí pasaban.

MetLife Building

El MetLife Building - originariamente PanAm Building - es uno de los rascacielos más controvertidos de Nueva York: en efecto, su mole no sólo interrumpe la perspectiva de la Park Avenue, la avenida más elegante de Manhattan, sino que eclipsa también la clásica belleza del Grand Central Terminal. No obstante las críticas, este edificio de 1963 – cuya dirección es 200 Park Avenue, a la altura de la 45th Street – sigue siendo uno de los mejores ejemplos del estilo internacional de la ciudad. El proyecto fue confiado inicialmente al estudio de Emery Roth, a quien flanquearon luego como asesores Walter Gropius y Pietro Belluschi. El alemán Gropius llevó la altura a 59 pisos (246 metros) e ideó una base octogonal; el edificio adquirió así una forma muy similar a la del ala de un avión, perfecta para quien habría de ser durante años su principal ocupante: la línea aérea Pan-American. Las fachadas de cristal, hormigón y granito están animadas por dos columnatas en los pisos 21° y 46°. El vestíbulo del edificio, en el que se encuentran varias obras de arte - como el mural de Joseph Albers y la instalación de cables metálicos

*Ya desde su construcción en 1963, el
edificio del **MetLife** – en perfecto
estilo internacional – fue contestado,
sobre todo porque obstruía la vista
sobre Park Avenue.
Su base octogonal recuerda el ala de
un avión, en línea pues con la
propiedad que hasta 1981 fue de la
compañía aérea Pan-American.
A la izquierda, detalle del exterior
del **Grand Central Terminal**.*

titulada "Vuelo", de Richard Lippol -,
está conectado por medio de
pasillos cubiertos con la estación de
ferrocarril. En 1981, la PanAm
vendió el edificio a la compañía de
seguros MetLife, que ha cambiado
así su denominación.

Grand Central Terminal

La estación de ferrocarril o Grand
Central Terminal es un espectáculo único en el mundo, tanto desde el
punto de vista arquitectónico como
social. En efecto, no sólo está consi-
derada unánimemente como una obra
maestra de la arquitectura norteamericana, sino que cada día transitan por
ella más de 400.000 personas, creando un fascinante entrelazamiento de
vidas y acontecimientos. Construido
entre 1903 y 1913, el Grand Central
Terminal combina un estilo bellas artes ecléctico, de proporciones gran-
diosas pero sumamente elegante y ar-
monioso, con soluciones ingenieriles
innovadoras, que permiten controlar
el enorme tráfico diario de trenes y
viajeros. La sala de despacho de bille-
tes no deja de asombrar a quien la visita con el fresco de Paul Helleu, que
representa las constelaciones del cielo y resplandece en el alto techo abo-
vedado. Una reciente reestructuración ha creado, entre la planta baja y
el piso inferior, un activo centro comercial con tiendas selectas de modas
y una gran variedad de locales públicos de comida.

Trump Tower

La Trump Tower se encuentra en 725 Fifth Avenue, la parte más elegante de Midtown. Fue terminada en 1983 y toma el nombre del constructor Donald Trump, que es su propietario. Proyectado por el arquitecto Der Scurr - del estudio Swanke, Hayden, Connel y socios -, este rascacielos de 68 pisos de altura (202,5 m) es uno de los ejemplos más interesantes de la primera fase del estilo posmodernista. El clásico paralelepípedo acristalado, de color gris oscuro, muestra un corte diagonal en la esquina formada por la 5th Avenue y la 56th Street. Sobre este lado, el edificio se alza en terrazas verticales y horizontales, en las que se han colocado plantas decorativas. Entre la planta baja y el sexto piso alberga tiendas y restaurantes; entre el séptimo y el vigésimo hay locales para oficinas; en los restantes cuarenta pisos se encuentran 266 apartamentos de lujo, que entre sus inquilinos cuentan a personajes famosos como Sofía Loren y Johnny Carson. El vestíbulo está decorado con mármoles rosados, espejos y latones de gran brillo, en el estilo opulento de los años ochenta. La atracción principal es la imponente cascada de cinco pisos de altura, que domina la entrada principal del centro comercial.

*Dos vistas el **Trump International Hotel & Tower**.*

*En la página de enfrente, la **Trump Tower**: símbolo de la clase yuppie, este edificio fue proyectado para Donald Trump.*

Donald Trump y su imperio

Nacido en el barrio de Queens, en Nueva York, Donald Trump fue el constructor más famoso de los Estados Unidos en las décadas de 1980 y 1990, gracias a una serie de acertadas especulaciones en el ramo de la construcción y a su pasión por las mujeres hermosas. Su primer gran éxito en el campo edificatorio data de 1976, cuando compró el descuidado Commodore Hotel, adyacente al Grand Central Terminal, transformándolo en un elegante y al par rentable hotel. La **Trump Tower**, donde Donald Trump tiene todavía sus oficinas y su vivienda – un ático de 53 habitaciones – es su segunda prestigiosa realización. Entre los años ochenta y noventa, el imperio de Trump creció con ritmo vertiginoso no sólo en el sector de las propiedades de lujo en Nueva York y Atlantic City, el balneario conceptuado como la Las Vegas de la costa del este, sino que se extendió también a equipos deportivos, una compañía aérea, una agencia de modelos y una sociedad de construcciones. A comienzos de los años noventa su expansión se vio frenada por la recesión, y Trump tuvo que vender el control de algunas propiedades prestigiosas, como el Plaza Hotel de Nueva York. En 1997 terminó el **Trump International Hotel & Tower**, un fastuoso edificio para uso hotelero y comercial al lado del Central Park; su obra más reciente es la Trump World Tower, el rascacielos destinado a viviendas de clase acomodada más alto del mundo.

Woolworth Building

En estilo neogótico, este rascacielos de 1913 fue hasta 1930 el edificio más alto.

Considerado por muchos como el edificio comercial más hermoso del mundo – se le conoce con el nombre de "catedral del comercio" –, este rascacielos proyectado por el arquitecto Cass Gilbert es una auténtica obra maestra del estilo neogótico, muy en boga en los Estados Unidos a comienzos del siglo XX. Erigido en 1913 en el solar de la calle Broadway n.º 233, hasta 1930 el Woolworth Building logró mantener su récord de edificio más alto de la ciudad gracias a sus casi 222 metros de altura. Frank Woolworth, el fundador de los grandes almacenes populares del mismo nombre, pagó 13,5 millones de dólares en efectivo por este edificio, dando así inicio a la competición entre los magnates de la época, competición que continuó durante toda la década de los años veinte. El edificio se compone de un cuerpo de 27 pisos de altura, y una torre de 60. Gárgolas, arcos y adornos extravagantes decoran las fachadas, que han recobrado su esplendor original en 1980 gracias a una reestructuración que costó más que la misma construcción. Si la magnificencia de los exteriores no deja de despertar admiración en quienquiera que pase por allí, los interiores no van a la zaga. El vestíbulo es uno de los más suntuosos y elegantes de Nueva York. No hay que dejar de ver sus techos abovedados tapizados de mosaicos brillantes como joyas, y las intrincadas decoraciones de hierro forjado y bronce. En el vestíbulo se encuentran algunas esculturas de bronce, entre las cuales una que retrata a Woolworth mientras cuenta los "nickels and dimes" (monedas de 5 y 10 cents) sobre los que construyó su enorme fortuna.

El imperio del "nickel n'dime"

Nacido en 1852 en Rodman (Estado de Nueva York), Frank Winfield Woolworth es el clásico ejemplo del "self-made-man", el hombre que ha conseguido situarse en la vida únicamente con su propio esfuerzo. Proveniente de una humilde familia de agricultores, a su muerte Woolworth dejó una fortuna personal de 65 millones de dólares. Su carrera empezó como mandadero en una tienda, a los veinte años. En 1879, después de haber oído contar a un comisionista el éxito de la venta de artículos al precio de 5 centavos, convenció a su empleador de que le prestara poco menos de 400 dólares para abrir la primera tienda en la que todo costaba sólo 5 cents ("nickel"). Los comienzos no fueron fáciles; pero Woolworth no se desanimó y al final logró encontrar los pueblos y los productos justos para sus establecimientos comerciales. Los negocios empezaron a "despegar" después de la recesión de 1893, y Woolworth abrió sus locales en grandes ciudades como Washington, Boston y Filadelfia. El coronamiento de sus sueños fue la apertura de un gran establecimiento comercial en Manhattan en 1896, en el que se encontraba incluso un órgano. En 1907 contrató al arquitecto Cass Gilbert para la construcción de la sede de su sociedad en el "downtown". Cuando Gilbert le preguntó de qué altura quería su edificio, Woolworth le respondió: "750 pies (228 metros, *N.d.R.*)". "¿Debo limitarme a eso?", añadió el arquitecto; y el magnate le contestó: "No, eso es lo mínimo". La primera guerra mundial le ocasionó bastantes problemas a Woolworth, que importaba mucha mercancía de Europa; pero ello no obstante, el conflicto bélico no logró frenar la expansión de su cadena, que abrió tiendas incluso en Gran Bretaña. Woolworth murió en 1919 por una infección.

General Electric Building

N acido como R.C.A. (Radio Corporation of America), gracias a sus 259 metros de altura el General Electric Building es el edificio más alto del Rockefeller Center. Terminada en 1933, esta construcción en estilo art déco ha perfeccionado algunas de las lecciones aprendidas durante la construcción del Empire State Building. En efecto, se parece vagamente a éste por el uso de roca caliza del Estado de Indiana en las fachadas y por el impulso vertical creado por la alineación de las ventanas; pero también los interiores fueron realizados de manera tal que la luz natural pudiese alcanzar toda la zona a alquilar, alcanzando así su máximo valor. Pero si los exteriores no son particularmente interesantes, gran esmero se ha dedicado, en cambio, al proyecto y diseño de los interiores. Las decoraciones en estilo art déco se inspiran en la mitología clásica, y los Rockefeller se sirvieron incluso del asesoramiento de un filósofo para la conceptualización del tema decorativo. En la hornacina sobre la entrada principal se encuentra el famoso relieve *Genius*, de Lee Lawrie, mientras que las paredes están tapizadas con murales de José María Sert.

Radio City Music Hall

E n el Rockefeller Center está situada la Radio City Music Hall, una auténtica institución en el mundo del espectáculo neoyorquino. Desde 1936 - año de su inauguración - hasta el presente, más de 300 millones de personas han asistido a los espectáculos llevados a cabo en este teatro, que ofrece 6.200 plazas y sigue siendo el teatro cubierto más grande y mejor equipado del mundo para todo tipo de espectáculos. El show sobre hielo "Christmas Spectacular", de las Rockettes, es ciertamente el más famoso; pero la cartelera de espectáculos ofrece también otros eventos prestigiosos y de excelente calidad. Una parte del prolongado éxito de este teatro se debe también a sus fabulosos interiores en estilo art déco norteamericano, tan extraordinarios que ya en sus comienzos un crítico escribió: "Se dice que el nuevo Music Hall no necesita siquiera de artistas para montar un espectáculo". En efecto, el diseñador Donald Deskey, siguiendo el tema general "Human Achievement" creó un auténtico tributo a los éxitos del género humano en el campo de las artes, las ciencias y la industria. Todos los interiores están formados por piezas originales realizadas por Deskey o artesanos a sus órdenes, usando tanto materiales tradicionales de gran valor (láminas de oro y mármoles) como otros típicos del campo industrial (baquelita, permatex, aluminio).

*En el centro del **Rockefeller Center**, ultimado en 1940, descuellan los 259 metros de altura art déco del **General Electric Building**.*

Enfrente del rascacielos se abre la gran plaza parcialmente en el subsuelo del Rockefeller Center, que desde 1936 se ha convertido en una lujosa pista para el patinaje sobre hielo durante los meses de invierno y un elegante café al aire libre en el verano. La estatua de bronce de *Prometeo*, obra de Paul Manship, adorna la gran fuente de la plaza.

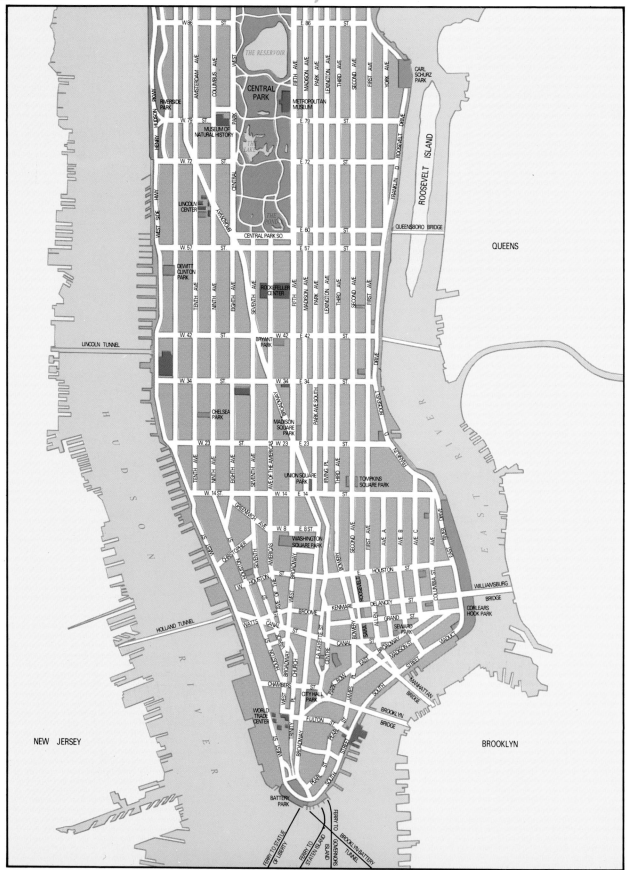

*El **Rockefeller Center** y la **Estatua de Prometeo**. En el verano se anima con restaurantes al aire libre, en el invierno con la famosa pista de patinaje. El acceso desde la 5th Avenue se encuentra decorado con flores y plantas.*

Rockefeller Center

Desde la Quinta Avenida hasta la Avenue of the Americas (que corresponde a la 6th Avenue), y de la West 47th hasta la West 51st, los diecinueve edificios y las 9 hectáreas que constituyen el Rockefeller Center representan uno de los mejores resultados de planificación urbanística en el mundo. El Rockefeller Center en realidad es una ciudad dentro de la ciudad, con fuentes, jardines, paseos y calles, tiendas, oficinas y áreas recreativas, gracias a sus casi 1.400.000 metros cuadrados arrendables y una población total diaria que se acerca a las 240.000 personas. Sin embargo, al principio, el proyecto parecía que iba a fallar.

Con gran presunción, John D. Rockefeller junior lo concibió como un medio para librarse de la sombra de su padre, el magnate de la Standard Oil John D. Rockefeller senior. Jugándose el todo por el todo, en 1928 Rockefeller Jr. se embarcó en aquella aventura titánica y, uniendo sus propias fuerzas a las de la Metropolitan Opera, que en ese entonces buscaba una nueva sede, desembolsó 3,3 millones de dólares para rentar el terreno por 24 años. Pero el 29 de octubre de 1929, el mismo día en

RINK BAR
ROCKEFELLER CENTER

I BELIEVE IN THE SUPREME WORTH OF THE INDIVIDUAL
AND IN HIS RIGHT TO LIFE LIBERTY AND THE PURSUIT OF HAPPINESS

I BELIEVE
THAT EVERY RIGHT IMPLIES A RESPONSIBILITY · EVERY
OPPORTUNITY, AN OBLIGATION · EVERY POSSESSION, A DUTY

I BELIEVE
THAT THE LAW WAS MADE FOR MAN AND NOT MAN FOR THE
LAW; THAT GOVERNMENT IS THE SERVANT OF THE PEOPLE
AND NOT THEIR MASTER

I BELIEVE
THE DIGNITY OF LABOR, WHETHER WITH HEAD OR HAND·
T THE WORLD OWES NO MAN A LIVING BUT THAT IT
S EVERY MAN AN OPPORTUNITY TO MAKE A LIVING

I BELIEVE
IN THE SACREDNESS OF A PROMISE, THAT A MAN'S WORD
SHOULD BE AS GOOD AS HIS BOND, THAT CHARACTER – NOT
WEALTH OR POWER OR POSITION – IS OF SUPREME WORTH

I BELIEVE
THAT THE RENDERING OF USEFUL SERVICE IS THE COMMON
DUTY OF MANKIND AND THAT ONLY IN THE PURIFYING
OF SACRIFICE IS THE DROSS OF SELFISHNESS CONSU
AND THE GREATNESS OF THE HUMAN SOUL SET FR

I BELIEVE
IN AN ALL-WISE AND ALL-LOVING GOD NA

BUSI   OR PERSONAL AFFAIRS
I BELIEVE
AND JUSTICE ARE FUNDAMENTAL TO AN
ENDURING SOCIAL ORDER

I BELIEVE
THAT LOVE IS THE GREATEST THIN
THAT IT ALONE CAN OVERCOME
CAN AND WILL TRIUMP

JOHN D ROCKEFELLER JR

*La fuente en el exterior del **Exxon Building** en la 6th Avenue, frente al **Radio City Music Hall**.*

*El **Radio City Music Hall** y el **G.E. Building** en el Rockefeller Center.*

que el arquitecto Harvey Wiley Corbett era seleccionado para dirigir los trabajos, la Bolsa dio un bajón. Al poco tiempo la Metropolitan Opera se retiró de la empresa, dejando toda la carga financiera sobre los hombros de los Rockefeller. Sólo la testarudez de Rockefeller Jr. y la enorme riqueza de su familia mantuvo a flote el proyecto, aunque para llegar a estar en activo, el centro tuvo que esperar los años subsecuentes a la Segunda Guerra Mundial.

Pero esto no detuvo la construcción. En 1940, para construir el centro ya se habían demolido 228 edificios y 4000 personas fueron obligadas a mudarse. En aquel entonces la microciudad de Rockefeller estaba compuesta por 14 edificios, incluyendo el R.C.A. Building, sede de la National Broadcasting Company, y la Radio City Music Hall, en esa época el cine cerrado más grande del mundo. En 1957 se agregaron otros cinco edificios, incluso el Time-Life Building. La entrada peatonal principal se encuentra en la Quinta Avenida y lleva a través de los Channel Gardens, largos senderos flanqueados por bancos y matas. Durante el invierno, en la Rockefeller Plaza se pueden admirar el famoso árbol de Navidad y la también famosa pista de patinaje. En la primavera llega la exposición de las flores y, en el verano, los restaurantes al aire libre. Muy interesante es también el espectacular panorama que se puede gozar desde la Rainbow Room, la Sala Arco iris en el piso 65° del General Electric Building, el ex R.C.A.

El proyecto del Rockefeller Center es de una increíble modernidad e interpreta hábilmente el motivo de parilla-y-torre del escenario urbano de alrededor. El uso del art déco favorece la uniformidad estilística, como también la piedra caliza del Estado de Indiana usada para todas las superficies externas. Por lo que se refiere al estilo arquitectónico, cada edificio parece apuntar hacia el cielo, y el aspecto altivo de los pisos verticales aumenta el sentido de unidad, mientras que el corazón del centro, el G.E. Building, comunica una vertiginosa sensación de fuga hacia lo alto. Uno de los aspectos más extraordinarios del Rockefeller Center es la red subterránea de galerías peatonales y andenes de carga y descarga que, lejos de los ojos de los transeúntes, acogen más de 700 camiones de entregas al día.

Todo el centro está constelado de esculturas, como el impresionante *Atlante que sostiene el mundo* y el enorme *Prometeo* dorado. Vale la pena detenerse en el atrio del G.E. Building para admirar los *murales* de José María Sert sobre las paredes y el techo: completan el escenario art déco y, sobre todo, rinden homenaje al espíritu del capitalismo que contribuyó a la creación del centro. Una curiosidad: estos *murales* sustituyen a los originales que, iniciados en 1933 por Diego Rivera, representaban una imagen homérica de un valeroso proletariado en lucha contra las fuerzas del Mal capitalista; obviamente fueron tapados con los actuales.

La **St. Patrick Cathedral** en la 5th Avenue, frente al **Rockefeller Center**, se ve a través de la **Estatua de Atlante**. Arriba, el interior neogótico de la catedral.

Catedral de St. Patrick

Sede de la arquidiócesis de Nueva York, como también punto de referencia para la cuantiosa población católica de la ciudad, esta catedral es la iglesia católica más grande de los Estados Unidos. Comprimida de cada lado por rascacielos y situada frente al Rockefeller Center, la catedral es imponente, con 120 metros de largo, 52 de ancho y dos torres de 100 metros cada una. Proyectada por el famoso arquitecto James Renwick, su construcción inició en 1858 y concluyó en 1879. Inspirada en la famosa, y mucho más grande, catedral de Colonia, en Alemania, St. Patrick fue concebida en un estilo neogótico que incluye también elementos franceses e ingleses. Es interesante la contraposición entre la severa fachada, caracterizada por las puertas de bronce que dan a la Quinta Avenida, y los relumbrantes frentes de los rascacielos que la rodean. La nave interna está llena de bancos que pueden albergar hasta 2500 fieles y la flanquean docenas de altares, cada uno dedicado a un santo diferente. Fascinante es la Lady Chapel (capilla de la Virgen), atrás del altar principal de mármol italiano, mientras que el gran órgano es famoso por su sonido fantástico. Los más de sesenta vitrales de colores, incluso el bello rosetón arriba de la galería del coro, provienen de Chartres, Francia.

El **International Building of Rockefeller Center** visto a través de la Estatua de Atlante.

Deportes

En Nueva York no faltan las emociones deportivas. El **Madison Square Garden** es famoso en todo el mundo por los históricos combates de boxeo allí disputados. Pero aunque los encuentros más importantes de este deporte ahora tienen lugar más en Las Vegas y Atlantic City que en Nueva York, el Madison Square Garden sigue siendo el campo de los espectaculares partidos de los **NY Knicks** (baloncesto) y de los **NY Rangers** (hockey), así como el escenario de prestigiosos conciertos. Nueva York posee también dos estadios de béisbol: el **Shea Stadium** en el Queens, perteneciente a los **NY Mets**, y el **Yankees Stadium** de los **NY Yankees**, que se encuentra en el Bronx. A la ciudad le falta, sin embargo, un estadio de fútbol. En efecto, el equipo de los **NY Giants** juega al otro lado del río, en el **Giants Stadium** del New Jersey; pero el ayuntamiento está examinando varios proyectos para hacer que regresen a la ciudad. Otro espectacular evento deportivo es el **Maratón**, que se corre cada año a comienzos del otoño.

*El **Yankees Stadium** en el Bronx y el **Shea Stadium** en el Queens.*

Boxeo, béisbol, hockey, baloncesto, el famoso Maratón que se corre a comienzos del otoño: muchas son las distracciones que ofrece Nueva York, incluso en el campo del deporte.

Broadway:
Times Square y Theater District

El llamativo y caótico espectáculo de Times Square es para muchos en el mundo el símbolo máximo de la Ciudad de Nueva York. Las multitudes, los cláxones, los gigantescos cartelones publicitarios, la luminosidad del relampagueo de las luces de neón: es algo que realmente impresiona, por lo menos para quien llega aquí por primera vez. Para bien o para mal, y especialmente en fin de año, esto puede en verdad parecer el centro del universo. Originalmente conocida como Longacre Square, esta monumental intersección tomó su nombre actual en 1904, cuando el *New York Times* mudó sus oficinas generales al número 1 de Times Square. A medianoche del 31 de diciembre de 1904, los empleados del periódico organizaron una fiesta con fuegos artificiales y la tradición ha continuado desde entonces.

El espíritu de Times Square no ha cambiado mucho desde su creación. A pesar de que el *Times* se mudara atrás de la esquina, su aviso electrónico Motogram continúa funcionando alrededor de la cima de su vieja sede; este anuncio luminoso, junto con las originales y resplandecientes carteleras de los teatros de Broadway, transformaron el aspecto de la plaza: en la actualidad, la ciudad exige a todos los edificios dedicar una porción de sus fachadas para colocar cartelones publicitarios luminosos. Pero más allá de la pompa y el destello, por supuesto que Times Square es también donde se encuentra la mayor concentración de teatros en el país, una verdadera Meca del mundo teatral que atrae cada año más de dos millones de espectadores.

Es necesario precisar que, cuando se habla de los "teatros de Broadway", no se refiere a una ubicación geográfica, sino a criterios de producción precisos. Un espectáculo "a la Broadway" es imponente bajo cualquier aspecto, con un pequeño ejército de actores y trabajadores, escenografías espectaculares y actores famosos. Los *off-Broadway* son de dimensiones más reducidas y se llevan a cabo en salas con una capacidad mínima de cien asientos, mientras que los *off-off-Broadway* ocupan locales de dimensiones aún más modestas y son con frecuencia de tipo experimental. En la actualidad, algunos de los grandes teatros históricos de la plaza parecen resurgir a una nueva vida. El histórico New Amsterdam Theater fue remodernizado por la Walt Disney Company, mientras que la organización Times Square Redevelopment se ocupó de la restauración del New Victory. En 1999, el futurista Condé Nast Building se convirtió en el último rascacielos espectacular que se asoma a esta famosa plaza.

*En **Broadway** se representan grandes producciones, dramas y "musicales" célebres.*

*En las páginas siguientes: algunos momentos de **Times Square**, iluminada con cautivadores letreros.*

*En estas páginas, vistas del **Central Park**, el parque más importante de Manhattan, en el **Uptown**.*

En las avenidas en una época creadas para las carrozas se practican jogging y ciclismo.

Central Park

Este parque exuberante, visitado cada año por 15 millones de neoyorquinos y turistas, contribuyó a transformar el verdadero concepto de ciudad en todo el mundo. En la actualidad en el parque hay más de un centenar de monumentos además del Metropolitan Museum of Art (en el lado oriental), que ocupa casi 6 hectáreas, y el American Museum of Natural History (en el lado occidental). En el invierno, el lugar ideal para patinar sobre hielo es el **Wollman Rink**, que en el pasado era un campo donde pastoreaban las vacas de la vecina granja "Dairy". Gran satisfacción también suscitó la reinauguración del **Central Park Zoo** en 1988. Este parque zoológico, inspirado en criterios bastante progresistas, trata de brindar a sus huéspedes un ambiente lo más parecido a su hábitat natural y por lo tanto no aloja animales grandes. Enseguida al este de **Sheep Meadow,** un buen lugar donde relajarse en el verano, inicia **The Mall**, una avenida bordeada de 150 olmos, que representa el elemento más formal del proyecto original de Frederick Law Olmsted, autor, a mediados del siglo XIX, con Calvert Vaux del "Greensward Plan". El punto central del Mall es la **Bethesda Fountain**, la más antigua fuente pública todavía activa en la ciudad. A Yoko Ono se debe la creación de **Strawberry Fields** como un jardín internacional de paz, después del asesinato de su esposo, John Lennon, quien perdió la vida no muy lejos de allí en 1980. Un gran mosaico que forma la palabra "Imagine" se encuentra en la acera, y hay muchas plantas donadas por países de todo el mundo. En el extremo norte se levanta el **Belvedere Castle**, pensado por Vaux como elemento esencial del Greensward Plan y ahora sede de la Estación Meteorológica y Centro de Instrucción de los Urban Park Rangers. El Castillo es un lugar idóneo para los dramas shakesperianos puestos en escena por el vecino **Delacorte Theater**, regalo para la ciudad de George Delacorte, que cada verano organiza un Shakespeare Festival gratuito. Un monumento sepulcral es el **Cleopatra's Needle**, erigido en 1877. Fue el kedive Ismaíl, Pachá de Egipto, quien ofreció a Nueva York un obelisco del 1600 a.C., cubierto de jeroglíficos que conmemoran las hazañas del Faraón Tutmés, Hijo del Sol. Su ubicación cerca del Metropolitan Museum fue escogida por los responsables del parque como señal de augurio, para que el museo se volviera *la* Galería Nacional de los Estados Unidos.

*En la página de enfrente, una vista del **Central Park**.*
*En esta página, el **Intrepid Sea-Air-Space-Museum**, el museo naval más grande del mundo que se asoma al Hudson.*

En las páginas siguientes:
*Las aglomeradas gradas de la **New York Public Library**, en la esquina entre la 42nd Street y la 5th Avenue, uno de los dos **leones** de piedra colocados a la entrada y un detalle del **frontón**; el **Lincoln Center for the Performing Arts**, en la Columbus Avenue entre la 62nd y la 65th Street.*

Intrepid Sea-Air-Space Museum

El Intrepid Sea-Air-Space Museum consiste en tres naves sacadas del servicio activo de la Marina de los EE.UU. ancladas en los muelles a la altura de la West 46th Street en el río Hudson: el *Intrepid*, un portaviones de la Segunda Guerra Mundial; el *Growler*, un submarino dotado de misiles nucleares; y el *Edson*, un cazatorpedero perteneciente a la época de la guerra del Vietnam. Por supuesto que la pieza central del museo es el *Intrepid*, un portaviones cuyo puente principal puede acoger más de 40 aviones, más otros vehículos militares sobre los puentes secundarios. Sobre su puente se pueden ver un avión de bombardeo Stealth, un tanque iraquí capturado en la Guerra del Golfo, un misil ruso teledirigido y varias cápsulas espaciales, además de una amplia variedad de cohetes y misiles. Además de su inmensidad - el *Intrepid* mide más de 270 metros -, la nave tiene un pasado histórico, incluyendo el papel crucial desempeñado en la derrota de la marina japonesa en el otoño de 1944 y, más tarde, el haber sido casi hundido por los pilotos kamikazes japoneses.

New York Public Library

Eje del sistema bibliotecario público de la ciudad, con 82 secciones y 7 millones de usuarios al año, esta biblioteca ostenta casi 150 kilómetros de anaqueles computerizados y más de tres millones de libros. El actual majestuoso edificio en estilo "Bellas Artes", dedicado a la búsqueda de la razón, la educación y la belleza, data de 1911. A este templo de mármol blanco con una fachada exquisita en cada detalle, con columnas y coronamiento, lo precede una escalinata monumental flanqueada por un par de fuentes, llamadas Verdad y Belleza. Los dos leones de piedra, bautizados Paciencia y Fortaleza de Ánimo por el alcalde Fiorello La Guardia, son los mundialmente celebérrimos guardianes de la biblioteca.

Lincoln Center

Uno de los más importantes centros culturales del mundo, el Lincoln Center alberga la Metropolitan Opera, la New York Philharmonic, el New York City Ballet, la New York City Opera, la Juilliard School of Music, la Film Society del Lincoln Center, como también la Biblioteca y el Museo de Performing Arts. Este conjunto de 6 hectáreas se construyó entre 1962 y 1968 con un costo de 220 millones de dólares. El proyecto tiene seguramente defectos - se podría discutir sobre la necesidad de concentrar tantas ilustres instituciones culturales en un mismo lugar - pero, más allá de estas dudas, su fuerza vital la hace una acrópolis de la cultura a nivel mundial.

El edificio más interesante es la **Metropolitan Opera House**, diseñado por Wallace Harrison y caracterizado por los cinco arcos de proscenio en forma de herradura. Vista desde afuera y de noche, con numerosas y grandes arañas de cristal bohemio que brillan en su interior, la Metropolitan es un espectáculo por sí solo. En el vestíbulo se pueden admirar dos coloridos *tapices* de Chagall, los pavimentos están cubiertos de alfombras escarlatas y las balaustradas de las escaleras son de latón martillado. El teatro, con cuatro pisos de palcos, es lujoso, aunque no

esté excesivamente decorado. Al inicio de cada espectáculo, la araña central se levanta hacia el techo. La acústica excelente, las brillantes soluciones técnicas y la abundancia de espacio permiten la realización de espectáculos grandiosos, generalmente con el aporte de uno o dos divos del *bel canto*. Aquí también siempre se exhibe el New York City Ballet. En la esquina opuesta de la Metropolitan Opera se encuentra el edificio tal vez más estéticamente precioso entre los seis del conjunto: el **New York State Theater**, proyectado por Philip Johnson, donde tienen su sede tanto la New York City Opera como el American Ballet Theater. Frente al New York State Theater se encuentra el **Avery Fisher Hall**, sede de la New York Philharmonic como también del Serious Fun y del Mostly Mozart Festivals. En el Avery, la mayor parte de los asientos se encuentran en la platea y las decoraciones son bastante sencillas. El teatro **Vivian Beaumont** y el más pequeño **Mitzi Newhouse** surgen ambos detrás de una fuente, donde se refleja una escultura de Henry Moore. El Beaumont, sede de espectáculos típicos al estilo "Broadway", tiene 1100 asientos y, construido con el proyecto de Eero Saarinen, es el más audaz y a la vez austero ejemplo arquitectónico del Lincoln Center. El **Alice Tully Hall** ofrece un ambiente íntimo para recitales y música de cámara.

American Museum of Natural History

El American Museum of Natural History es uno de los más grandes en su género, ocupa más de cuatro manzanas y expone una colección de más de 30 millones de objetos. Este complejo está formado por 23 edificios unidos entre sí y 40 galerías, que dan la bienvenida a casi 3 millones de visitantes al año. La fachada del museo es una mezcla de estilos arquitectónicos; el edificio central y sus alas tienen un robusto estilo clásico, mientras que la entrada sobre la 77th Street es neorrománica. En el vestíbulo, atrae enseguida la atención un grupo de gigantescos esqueletos de dinosaurios congelados en una batalla campal: el drama está captado en su pleno desarrollo, con un enorme y feroz reptil que se abalanza para devorar a un pequeño y su madre. Aún después de tan estimulante introducción, las otras colecciones del museo no los desilusionarán. En las salas junto al vestíbulo y en el segundo piso, numerosos dioramas recrean el hábitat natural de una gran variedad de animales. Naturalmente, los animales están disecados y las escenas - algunas de las cuales datan de hace sesenta años - tienen una fascinación muy particular. Entre los mejores, hay que señalar los dioramas de las junglas africanas y del Sahara, de Asia y de las llanuras de América del Norte. Si para apreciar algunas salas sería oportuno tener una mínima preparación científica, no es necesaria una licenciatura en paleontología para quedar boquiabierto delante de la increíble colección de esqueletos de dinosaurios, algunos de los cuales de más de 18 metros de largo y de hace más de 65 millones de años. El museo alberga también el IMAX Theater, sobre cuya pantalla de 18 metros se pueden admirar películas siempre diferentes, obviamente dedicadas a temas de historia natural.

Rose Center for Earth and Space – Vuelto a abrir en el 2000, este espectacular pabellón del American Museum of Natural History alberga el nuevo **Hayden Planetarium** y el museo de las ciencias astrofísicas. El nuevo museo dispone de un gran teatro donde diariamente se proyectan los programas de **Digital Galaxy**, un mapa tridimensional de alta definición de todos los cuerpos celestes descubiertos hasta ahora, creado en colaboración con la N.A.S.A. Con un espectáculo que siempre deja sin aliento, en pocos segundos uno se siente "transportado" cerca de las galaxias y de las nebulosas más remotas, acompañados por la narración de Tom Hanks.

*El **American Museum of Natural History**: abajo a la izquierda, la Sala de los Orígenes de los Vertebrados; abajo a la derecha, algunos de los numerosos animales representados en los dioramas dedicados a las fieras salvajes; en la página de enfrente, arriba: la Sala de los Dinosaurios, Tyrannosaurus Rex; abajo: la rotonda de Teodoro Roosevelt y la Sala de los Mamíferos Evolucionados, los Mamuts.*

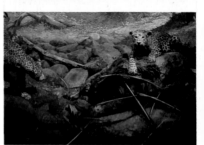

The Metropolitan Museum of Art

Sin lugar a dudas, el Metropolitan Museum of Art se clasifica dentro de la media docena de los mejores museos del mundo. Fundado en 1870, seguramente es el más grande del mundo occidental y encierra más de 3 millones de obras, incluso la más vasta colección del planeta de objetos medievales. Las primeras colecciones consistían sobre todo en antigüedades chipriotas, más 170 pinturas holandesas y flamencas adquiridas bajo la dirección del general Louis Palma de Cesnola. Desde entonces, el museo ha crecido *mucho* y en la actualidad puede enorgullecerse de contar con departamentos completos dedicados a cada posible disciplina artística: Pintura Europea; Arte Islámico; Arte Antiguo del Cercano Oriente; Arte Egipcio; Armas y Armaduras; Escultura y Artes Decorativas Europeas; Arte Medieval; Arte del Siglo XX; Arte Asiático; Arte Griego y Romano; Arte de África, de las Américas y de las Islas del Pacífico; Dibujos, Estampas y Fotografías; hasta un Departamento de Instrumentos Musicales y uno de la Indumentaria.

Un buen punto para empezar son las salas de la **pintura europea**. Los pintores holandeses están muy bien representados: entre otros, Vermeer, Hals, Steen, Van Ruysdael y Rembrandt; y además la colección del Met es probablemente la mejor en absoluto, fuera de Holanda. Entre los trabajos más exquisitos recordamos la *Muchacha con Jarra* de Vermeer y un *Autorretrato* de Rem-

brandt. Igualmente bien representados están los italianos: la *Epifanía* de Giotto preanuncia el inicio del Renacimiento, junto a obras maestras de Giovanni Bellini, Filippo Lippi, Botticelli, Tintoretto y Veronés. La *Virgen y el Niño entronizados con Santos* de Rafael tiene algo de trascendente, mientras que irradia fuerza la *Venus y el Tañedor de Laúd*, uno de los muchos cuadros de Tiziano aquí presentes.

Varias obras maestras de Rubens, incluso *Una Selva al Amanecer con caza del ciervo* y un autorretrato con mujer e hijo, sugieren las atmósferas etéreas de la escuela flamenca. No menores en importancia son Van Eyck, Van der Weyden y Van Dyck, aquí presentes junto a muchas opulentas escenas silvestres y retratos expresivos. La colección española, aunque más reducida, es igualmente espléndida. Pocos museos podrían dignamente desafiar el terceto compuesto por el apocalíptico *Panorama de Toledo* de El Greco, *Juan de Pareja* de Velázquez y la *Maja en el balcón* de Goya. El Metropolitan presenta también una colección inglesa con una rica sección de retratos de Gainsborough, Thomas Lawrence y Sir Joshua Reynolds, que nos ha legado el *Coronel George K.H. Coussmaker* en una pose de casual pero estudiada negligencia.

*El **Metropolitan Museum of Art**, en la 5th Avenue, entre la 80th y la 84th Streets, es el museo comunal más grande del mundo; es prácticamente imposible visitarlo todo de una vez.*
En la página de enfrente, arriba: Dos mujeres de Tahití, de Paul Gauguin; Cipreses, de Vincent Van Gogh; abajo: Retrato de Don Manuel Manrique Osorio de Zúñiga, de Francisco de Goya; Flora, de Rembrandt.

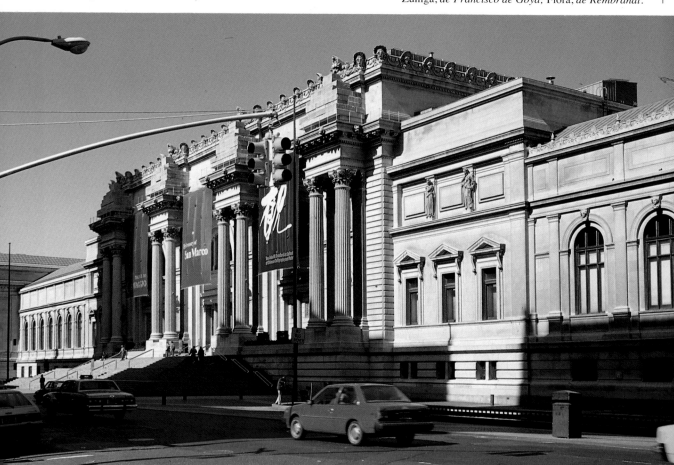

La Francia del siglo XVII está representada, entre otros, por Nicolas Poussin, el mayor y más influyente artista de su tiempo: el *Rapto de las Sabinas* no sólo muestra su conocimiento de mitología y arqueología, sino también su rigurosa habilidad de interpretación dramática. La colección de Impresionistas del Met es notable e incluye todos los grandes nombres: Cézanne, Pissarro, Manet, Degas, Monet y Renoir en abundancia; además, Rousseau, Gauguin, Van Gogh, Toulouse-Lautrec y Seurat. Entre las obras más importantes recordamos *La terraza en Sainte-Adresse* de Monet, las *Bailarinas que prueban en la barra* de Degas, las *Rocas en la selva* de Cézanne y los *Cipreses* de Van Gogh.

En las **alas americanas** se expone una inigualable colección de pinturas, estampas, dibujos, muebles y artes decorativas varias. Las pinturas incluyen muchas obras fundamentales de la historia de la pintura norteamericana, desde *Elijah Boardman* de Ralph Earl hasta *George Washington* de Gilbert Stuart y *Washington atraviesa el Delaware* de Emanuel Gottlieb Leutze. La romántica visión pastoral de Thomas Cole en *Panorama desde el Monte Holyoke* y de Frederick Church en el *Corazón de los Andes* reflejan los ideales de la Hudson River School, que formó la primera generación de paisajistas norteamericanos. *Madame X* de John Singer Sargent, *Señora a la mesita de té* de Mary Cassatt y *Max Schmitt en canoa* de Thomas Eakins son las piezas más importantes del siglo XX norteamericano. En la planta baja, la **colección egipcia** es una de las mejores del mundo. Lo mejor de la colección es el *Templo de Dendur*, un edificio de piedra arenisca alto 25 metros que data del primer período romano (ca. 15 a.C.). Excelente es también la **colección del antiguo Cercano Oriente** que, junto a los objetos griegos y romanos, muestra perfectamente los orígenes de la civilización occidental. Entre los vasos funerarios, urnas y vasijas con decoraciones geométricas de la **colección griega**, la pieza tal vez más importante es el *Kouros* de mármol (ca. 610 a.C.). El Metropolitan posee también la más importante colección de **arte islámico** del mundo y, a juzgar por lo que se puede apreciar, no hay duda. También la historia de las tres grandes **civilizaciones asiáticas**, India, China y Japón, aquí se encuentra minuciosamente recordada. La colección pone en evidencia el influjo ejercitado en estos países por las invasiones extranjeras, ya sea culturales o militares. Un vistazo a la **colección de África y de Oceanía** es suficiente para entender que estas tradiciones son antiguas y complejas como cualquier otra. Una de las nuevas alas del museo está dedicada al **arte del siglo XX**. Si Nueva York acoge muchos museos de primer orden dedicados exclusivamente al arte moderno, el Metropolitan de todas maneras tiene numerosas obras relevantes como, por ejemplo, el retrato de *Gertrude Stein* realizado por Picasso. En los *Mastuerzos con "Danza"*, Matisse explora el poder del color en la tradición fauvista, mientras que *Lighthouse at Two Lights* de Hopper es un punto de referencia para el arte norteamericano del siglo XX. La llamativa y carnal opulencia del *Back View of Nude* de Lucian Freud les quitará el aliento, como también las obras abstractas de Willem de Kooning, Jackson Pollock y Barnett Newman.

Metropolitan Museum of Art: arriba, detalle del Templo de Dendur *(ca.15 a.C.), y* Virgen con el Niño, *de Guariento; abajo,* Meditación sobre la Pasión, *de Vittore Carpaccio.*

En la página de enfrente: el **Guggenheim Museum,** *en el cruce de la 5th Avenue con la 89th Street.*

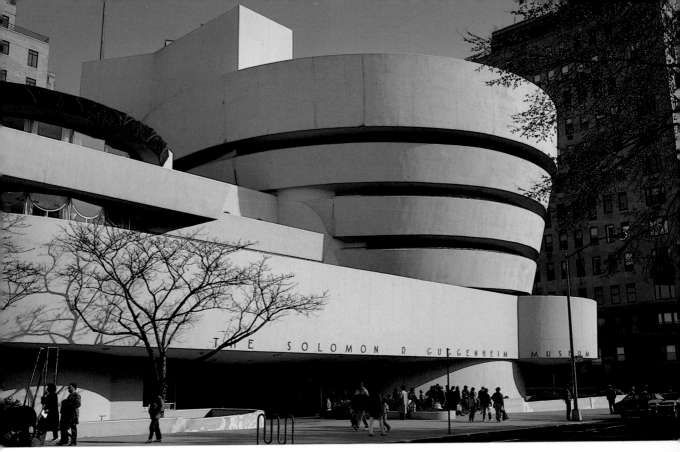

Solomon R. Guggenheim Museum

Famoso por su estructura espiralada y por su colección de arte moderno, el Guggenheim Museum es el único edificio de Nueva York construido por Frank Lloyd Wright. Inspirándose en Le Corbusier, Wright consideraba su proyecto como una forma orgánica y por lo tanto reflejó el motivo circular del edificio en numerosos y diminutos detalles.

En la actualidad, la colección incluye 3000 piezas y es sobre todo famosa por las obras de arte abstracto, desde los fantasiosos *Pequeños placeres* de Kandinsky al riguroso racionalismo de la *Composición 2* de Mondrian, desde los colores puros de la *Pintura n° 7* de Kline a la muy colorida, lírica armonía de *Ventanas simultáneas* de Delaunay. La galería más reciente fue abierta al público en 1993 y alberga varios trabajos importantes del fotógrafo Robert Mapplethorpe.

Museum of Modern Art

MoMA QNS - Para poder realizar la ampliación de la sede principal ubicada en la 53rd Street, inaugurada en noviembre de 2004, las colecciones y exposiciones del MoMA fueron trasladadas provisionalmente en el año 2002 a la sede del Queens - Long Island City -, inmediatamente reconocible por las grandes letras del cartel con el nombre MoMA descollando en lo alto del techo, en el típico estilo de los almacenes y depósitos de la zona. Con dicha finalidad, el arquitecto californiano Michael Maltzman proyectó la original reestructuración de un depósito comercial, destinado hoy a actividades de estudio.

El Museum of Modern Art y las colecciones del MoMA – El Museum of Modern Art, o MoMA, como comúnmente se le conoce, puede con todo derecho ser considerado *el* museo de arte moderna por excelencia. Para hablar claramente, el MoMA encierra en sí la historia del arte moderno, exponiendo una reseña prácticamente completa del arte del siglo XX, inclusos algunos de sus mejores y más novedosos ejemplos.

Además de la pura y simple riqueza de las colecciones (más de 120.000 obras) y la cantidad de visitantes (más de un millón y medio al año), el MoMA es crucial para la obra pionera desarrollada desde sus inicios, hace más de 70 años, en el campo del arte moderno. La inauguración del nuevo museo en noviembre de 2004 ha mostrado al público la ampliación de la sede tradicional

Pablo Picasso (1881-1973), Les Demoiselles d'Avignon, 1907.

en la 53rd Street - proyectada por el arquitecto Yoshio Taniguchi -, que hoy ve así duplicada su superficie expositiva. El museo fue fundado en 1929 gracias al patrocinio de tres influyentes coleccionistas de arte moderno. Abby Aldrich Rockefeller, Lillie Bliss y Mrs. Cornelius J. Sullivan. Bajo la guía del director Alfred H. Barr jr., el museo abrió con una exposición de obras de arte de Cézanne, Gauguin, Seurat y Van Gogh; en la siguiente década siguieron otras dos exposiciones fundamentales y novedosas: *Cubismo y Arte Abstracto y Arte Metafísico, Dada y Surrealismo,* que contribuyeron a que se volviera la Meca mundial del arte moderno.

Es más, se podría agregar que con la creación de sus propios departamentos, pintura y escultura, diseños, impresos, fotografía, películas, arquitectura, diseño industrial y gráfico, el MoMA hasta ayudó a definir los parámetros del arte moderno. Este enfoque multidisciplinario hacia el arte contemporáneo fue acentuado por exposiciones especiales, con frecuencia iconoclastas, o por lo menos de naturaleza subversiva, que van desde una inimitable retrospectiva de Matisse del 1992 hasta un intrigante estudio del potencial del diseño industrial de los "Mutant Materials" en 1995.

La sede en la 53rd Street fue construida en 1939, una década después de la constitución del museo en los cuartos en renta en la Fifth Avenue, desde Edward Stone y Philip Goodwin allá donde surgió la casa de la familia de los Rockefeller. En 1964 Philip Johnson reestructuró el museo y se le agregó el Ala Este, y en el 1984 César Pelli amplió el jardín de las esculturas sobre el retro y proyectó el Ala Oeste, redoblando el espacio expositivo.

Una visita al MoMA empezará invariablemente por los cuadros y esculturas que comprenden obras fundamentales del siglo XX, obras que cambiaron para siempre nuestra forma de ver el arte y, con ella, el mundo moderno.

Se empieza por los Impresionistas y Post-Impresionistas, con obras como el gran tríptico *Los Nenúfares* de Monet, *Noche Estrellada* de Van Gogh y *Naturaleza Muerta con Manzanas* de Cézanne. Este último transmite una visión de una increíble modernidad y desde entonces ha influenciado la historia del arte contemporáneo: a pesar de las apariencias, no estamos delante de un cuadro no terminado, sino a una obra que redefine la noción misma de plenitud, ligando la composición con una geometría rigorosa e infinitamente compleja y preanunciando el movimiento Cubista.

Matisse es otro punto de fuerza del museo, que posee 36 de sus obras, incluso muchas esculturas. Entre los cuadros más fascinantes citamos *El Estudio Rojo*, donde las pulsantes tonalidades rojas alargan las fronteras del Fauvismo, y *Danza*, una obra maestra que ilustra plenamente su elegante *joie de vivre*.

Por lo que se refiere a las *Demoiselles d'Avignon* de Picasso, pintado en 1907, se encuentra entre las obras más importantes de la historia de la pintura moderna y representa bajo muchos aspectos el inicio de una sensibilidad contemporánea artística nueva y verdadera. La violenta inten-

Marc Chagall (1887-1985), La aldea y yo, *1928.*

Francis Bacic, (1909- 1992), segunda versión de un cuadro de 1946.

sidad de este cuadro canceló todo trazo de la otra van-guardia de la pintura moderna, el Fauvismo, y presentó al mundo la primera escuela artística del siglo XX: el Cubis-mo. Nótense los métodos usados en la pintura: la tenden-cia hacia lo abstracto, el estilo de la pincelada, la primitiva geometría de formas humanas y espacio, la perspectiva distorsionada y claustrofóbica. Pero también obsérvese su significado ético, la ferocidad de las miradas, la forma co-mo el espectador es arrastrado a la escena. Otras obras notables que demuestran la amplia gama de sensibilidad de Picasso incluyen trabajos precedentes – el *Muchacho que conduce un Caballo y Dos Nudos* – y posteriores – *Mucha-cha al Espejo, Bañista Sentada,* y *Tres Músicos.*

El Cubismo acentuado en las *Demoiselles* será en poco tiempo perfeccionado por Georges Braque en el *Hombre con la Guitarra,* y seguido por otros grandes, como Juan Gris en la *Guitarra y Flores.* Posteriormente, también los Futuristas usaron mecanismos estructurales similares pa-ra transmitir un sentido de potencia, movimiento y velo-cidad: el *Funeral del Anárquico Galli* de Carlo Carrá, el *Tren Blindado en Movimiento* de Gino Severini y la escultura de bronce de Umberto Boccioni *Formas Únicas de Continui-dad en el Espacio* ilustran bien esta visión violenta. Por su parte, Constantin Brancusi logra capturar en el bronce el

acto mismo del vuelo, en la fluida elegancia del *Pájaro en el Espacio.*

A un mundo completamente diferente pertenece el in-tenso y desconcertante Expresionismo alemán represen-tado por Schiele, Kokoschka, Nolde y Kirchner. El *Retrato de Familia* de Max Beckmann captura las neurosis con efecto tragicómico. La abstracta *Pintura con Arquero* de Wassily Kandisky y el poético, soñador *Cumpleaños* de Marc Chagall se inspiran en esta tradición estilística pero le agregan un toque de fantasía y de folklore, aligerando el sentido de angustia. En este museo muy moderno, na-die es más moderno que el minimalista holandés Piet Mondrian: las dieciséis pinturas pertenecientes al MoMA dan una visión de conjunto de su obra y nuestran la evo-lución de un abstractismo único y altamente intelectual. Como lo muestra su último cuadro completado, *Broad-way Boggie Woogie,* donde la búsqueda purista de colores primarios y formas rectilíneas es inflexible, Mondrian se reinventa continuamente como pintor. En su último año de vida, el abstractismo de Mondrian adquirió un toque de Impresionismo, con encendidas representaciones de Nueva York en el pulsante neón y en el rítmico 'staccato' de simples cuadrados colorados.

Los lienzos enigmáticos de Giorgio de Chirico apelan a

*La primera colección en el mundo enteramente dedicada a **la Arquitectura y el Diseño** fue preparada en 1932 por el Museo de Arte Moderno.*

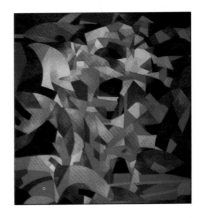

un nivel de conscientización muy diferente, anticipando más de una década las búsquedas Surrealistas. En el *Canto de Amor,* la contraposición de simbolismo onírico y mundano crea una composición extrañamente desconcertante que alude a una presencia metafísica en el mundo objetivo. Los trabajos de Yves Tanguy, René Magritte, Paul Delvaux, y Salvador Dalí siguen en la tradición.

La *Persistencia de la Memoria* de Dalí también explora en los ínferos de la psique, presentando un escenario onírico de tipo freudiano, un paisaje post-apocalíptico poblado de relojes semi difusos y con una soñolienta criatura fetal. Obras sucesivas, por ejemplo *Perro* de Francis Bacon, comparten esta visión de pesadilla, atestiguando toda la influencia del Surrealismo.

Entre los abstractismos y las distorsiones del arte moderno, el Realismo Americano resiste impávido y, con obras como *Paisaje Americano* de Charles Sheeler, la *Casa cerca del Ferrocarril* de Edward Hopper y el *Mundo de Christina* de Andrew Wyeth, muestra como también el realismo puede ser moderno y provocatorio.

El MoMA contiene por lo menos 21 obras de Joan Miró. Una de las más grandes, *El Nacimiento del Mundo*, es también una de las más importantes. Tal vez ninguna otra pintura anterior a la Segunda Guerra Mundial anticipa tan claramente el advenimiento del Expresionismo Abstracto, uniendo en un contraste vivaz, técnicas de *action painting*: goteo y salpicaduras de color, con pinceladas lineares estrechamente controladas. Como se sugiere por el título, Miró crea aquí su universo personal y esta génesis se vuelve metáfora del mismo acto de la creación artística. El MoMA alberga a todos los mayores representantes del Expresionismo Abstracto: desde Jackson Pollock y Willem de Kooning hasta Philip Guston, Robert Motherwell y Franz Kline. En el frenético *One* de Pollock, manchas, salpicones y gotas de pintura se congelan en un intenso torbellino de color y movimiento, mientras que artistas como Mark Rothko, Ad Reinhardt y Barnett Newman alcanzan una intensidad casi sublime explorando las profundidades de los campos del color. Cabalgando las crestas del Expresionismo Abstracto, entre los tardíos años cincuenta y principios de los sesentas, los sucesores de Roy Lichtenstein, James Rosenquist, Jasper Johns y, el más famoso, Andy Warhol crean un Pop Art con efecto. La *Bandera* de Johns transformó la imagen familiar de estrellas-y-barras en un campo abstracto cubierto por densas pinceladas, confundiendo la distinción entre arte y naturaleza. Y así también, en *Gold Marilyn Monroe,* Warhol empuja al arte a sus límites extremos, pretendiendo que el espectador acepte un sujeto banal, hasta profano, como íconos sagrados envolviendo a la imagen en un dorado bizantino. Pero en el MoMA no hay solo cuadros y esculturas. El cuarto piso está dedicado a la arquitectura y al diseño y las exposiciones abarcan desde modelos y perspectivas de increíbles edificios contemporáneos hasta sillas, lámparas, una aspiradora, cubiertos para langosta, un tostador cromado de pan y un ya arcaico tocadiscos. La Cisitalia 202 GT rojo fuego, primer automóvil en el mundo que entra en un museo, representa perfectamente la visión progresista del MoMA. Por lo que se refiere a la fotografía, también en este caso está expuesto lo mejor de lo mejor, desde las espectrales calotipias de sales de plata de impresiones fantasmagóricas en plata hasta las polaroid más excéntricas y originales.

Para terminar, después de haber dejado esta larga visita detrás, pueden recobrar aliento en el jardín de las esculturas, entre obras como el *Monumento a Balzac* de Rodin, el *Obelisco quebrado* de Barnett Newman, la *Cabra* de Picasso y un cuarteto de bajorrelieves de bronce obra de Matisse.

SoHo

El nombre del barrio deriva de su posición geográfica (SoHo = South of Houston <Street>). En la actualidad ya no es un barrio bajo, sino que alberga algunas de las más elegantes boutiques de la ciudad, que ocuparon el lugar de las numerosas galerías de arte que volvieron célebre este lugar.

Los primeros cambios llegaron en los años sesenta, cuando una vanguardia de artistas se estableció en las espaciosas, y económicas, antiguas bodegas y tiendas del barrio, transformando lo que hasta entonces era un sórdido barrio-dormitorio y comercial. Pero, como después habría acontecido en TriBeCa, el aura "artística" atrajo a SoHo a la burguesía y el mundo de las finanzas, transformándolo en el transcurso de dos décadas en un vivaz centro cultural y aumentando con exceso el valor de sus inmuebles.

SoHo es ahora una de las metas para ir de compras pero aún quedan algunas galerías, los museos y los espacios dedicados a las *performing arts*. Un ejemplo evidente de esta invasión de la moda es la sede del **Guggenheim Museum SoHo**, ahora ocupada por una tienda de Prada, mientras que el museo se pasó a los pisos superiores. Sobre Broadway se encuentra también el **New Museum of Contemporary Art**, un espacio que comprende también una sección dedicada a las artes digitales. Aunque muchas galerías célebres (como la **Holly Solomon, la Pace-Wildenstein**) se cambiaron a Chelsea, en SoHo quedaron algunas válidas como la **Deitch Projects**, especializada en arte contemporáneo, y la **Howard Greenberg Gallery**, especializada en fotografía. Uno de los puntos más encantadores es el **SoHo Cast-Iron Historic District**, delimitado *grosso modo* entre Houston, West Broadway, Crosby y Canal Street, donde, gracias a las generosas donaciones de particulares, se trató de preservar las exquisitas fachadas de hierro fundido y las calles empedradas del barrio. Las fachadas las desarrolló el magnate neoyorquino del hierro James Bogardus a mediados del siglo XIX, como un medio barato de detalle arquitectónico.

*Las características fachadas de hierro fundido y las escaleras de incendio en los edificios de **SoHo** y los **Villages**.*

*El Arco de **Washington Square Park** al comienzo de la 5th Avenue, en el centro del **Greenwich Village**.*

Greenwich Village

En la actualidad, el **Washington Square Park** ofrece uno de los mejores ejemplos del *melting pot* racial típico de Nueva York. Originalmente era un malsano aguazal: en los siglos XVIII y XIX sirvió como un terreno comunal de sepultura para unas 20.000 víctimas de cólera. Posteriormente, y hasta 1819, la plaza fue lugar de ejecuciones públicas. El gran olmo en la esquina noroeste del parque, considerado como el árbol más viejo de Manhattan, sirvió como árbol para ahorcar a muchos malhechores de Nueva York. Washington Square se volvió un parque público el 4 de julio de 1828.

El importante **Arco de Triunfo** en el lado norte es la característica más prominente del parque y fue erigido para conmemorar el centenario del Juramento Presidencial de George Washington en 1889. Después de seis años, el arco original, de madera, fue remplazado con el actual, de espléndido mármol. Centro de muchas manifestaciones políticas (y seudopolíticas) a través de los años, el arco logró su mayor apogeo en 1917, cuando Marcel Duchamp y otros artistas amigos suyos se subieron borrachos a la cima para declarar el nacimiento del Estado de Nueva Bohemia.

Centrada alrededor del Washington Square Park, la **New York University** ha tenido gran influencia en la vida de Manhattan desde su fundación en 1831. El ejemplo más llamativo de esta influencia se concretiza en el sólido edificio rojo en la esquina sudeste del parque, la Bobst Library, proyectada por Philip Johnson en los años setenta.

Little Italy

A ntaño rica en memorias, sonidos y olores de la patria lejana, Little Italy ya no puede pretender la genuinidad cultural de la vecina Chinatown. Para recordar ese pasado quedan aún algunas tiendas, restaurantes y negocios de alimentos típicos. La índole italiana estalla aún con la Fiesta de San Genaro, el festival de diez días, a mediados de septiembre, que honra al santo patrono de Nápoles. Mientras esté allí, visite el Umberto's Clam House, el restaurante donde fue asesinado Joey Gallo, el sicario "Crazy" (loco) de la mafia en 1972, y donde un agujero de bala en la puerta trasera de la cocina aún recuerda ese hecho de sangre. Desde hace algunos años ha regresado la vivacidad a las calles de Little Italy, sobre todo en la zona entre Houston y Spring Street. Conocido ahora como **NoLiTa** (North of Little Italy), este barrio está poblado de boutiques y restaurantes frecuentados sobre todo por una clientela joven y de tendencia. El edificio más interesante del barrio es el Viejo Cuartel General de Policía, construido en barroco clásico en el 240 de la Centre Street en 1909 y posteriormente Oficina del Comisario de Policía de Nueva York: Theodore Roosevelt. En 1988, la estructura dominada por una cúpula se convirtió en un costoso edificio de apartamentos, y actualmente es hogar de muchos famosos y ricos neoyorquinos. El edificio de ladrillos rojos es el Puck Building, una obra maestra de arquitectura estilo fin-de-siglo en East Houston y Lafayette Street.

Chinatown

La Chinatown de Nueva York es la comunidad china más grande del mundo occidental, hogar de 150.000 inmigrantes procedentes de toda Asia. Chinatown es todavía una de las metas preferidas por los turistas y los locales también. Los primeros inmigrantes en Chinatown fueron principalmente cantoneses, trabajadores en la construcción del ferrocarril hacia el oeste, quienes se establecieron a partir de 1870 en un barrio "prohibido" (en sentido literal) de trece manzanas alrededor del extremo del Manhattan Bridge. No ha cambiado mucho desde entonces, aunque la población aumentara en los años setenta con ritmo constante. El lugar es aún bastante cerrado, con algunos residentes que no hablan nada de inglés. Chinatown es ruidosa, multicolor y repleta de gente, con una atmósfera frenética y exótica. La verdadera atracción aquí es la deliciosa comida económica: hay más de 350 restaurantes en Chinatown y muchas tiendas llenas de pescado fresco y verduras chinas. Pero Chinatown no es sólo un lugar turístico: tiene veintisiete bancos y un sinnúmero de edificios municipales, así como tribunales civiles y penales. Por el actual aspecto agradable de la zona, es difícil creer que en el siglo XIX fuera conocida como las "Five Corners" de mala fama, uno de los barrios bajos más peligrosos y violentos de Manhattan. Un monumento digno de mención es la estatua en bronce de Confucio en la Confucius Plaza, que simboliza los valores tradicionales chinos.

*Dos vistas del **Palacio de la O.N.U.**, en el East River.*

Naciones Unidas

Constituidas en San Francisco en mayo de 1945, las Naciones Unidas se trasladaron a Nueva York en 1952. En el espíritu de la Sociedad de Naciones - creada por iniciativa de Thomas Woodrow Wilson, pero disuelta después de la Primera Guerra Mundial por la política nacional aislacionista - las Naciones Unidas se fundaron a raíz de la Segunda Guerra Mundial, para proteger la paz en el mundo y los ideales humanitarios. En la actualidad, 189 diferentes naciones aliadas forman parte de la O.N.U. para resolver los conflictos internacionales y salvaguardar los derechos humanos. Del traslado a Nueva York de las Naciones Unidas fue responsable casi por completo Nelson Rockefeller: como propietario del vecino "Rockefeller Center", Nelson deseaba sobre todo asegurar la prosperidad de su inversión y se dio cuenta que traer la sede de la O.N.U. junto al East River incrementaría el valor del centro y evitaría el peligro que en ese mismo lugar se construyera un centro comercial rival. Nelson compró del especulador en edificios William Zeckendorf la maloliente vecindad que se extendía a lo largo del río. A continuación pasó a convencer a las Naciones Unidas para que se trasladaran a Nueva York. Las Naciones Unidas ocupan una zona extraterritorial de 7 hectáreas, con sus propias fuerzas de seguridad, bomberos, centros de traducción, oficina de correos y tipografía (una de las más grandes del mundo). El conjunto va desde East 42nd Street hasta East 48th Street e incluye también un parque que se extiende desde la First Avenue hasta el río.

El proyecto de la sede ofreció un espléndido ejemplo de cooperación internacional. El arquitecto norteamericano Wallace Harrison guió un equipo de diez personas, entre los cuales se encontraban el francés Le Corbusier, el brasileño Oscar Niemeyer y el sueco Sven Markelius. El resultado fue espectacular. En el patio podemos admirar la escultura de Henry Moore, *Figura recostada: Mano*, junto a obras de Chagall y Picasso, André Derain y Albert Marquet, mientras que en los jardines se encuentran refinadas esculturas provenientes de todo el mundo.

*El **New York Stock Exchange**, la Bolsa más importante del mundo; en el frontón está representada la "Integridad que protege las Obras del Hombre".*

*El palacio de la **City Hall**, construido entre 1802 y 1811 según con el gusto neoclásico de la época.*

Wall Street

Corazón del capitalismo norteamericano, Wall Street lo es también del Financial District de Nueva York. Wall Street obtuvo su nombre (*wall*, muro) de una empalizada erigida en 1653 por el gobernador holandés del entonces Nieuw Amsterdam para proteger a los colonos contra los asaltos de los indios. Nada encarna el espíritu de los alrededores como el **New York Stock Exchange** (la Bolsa de Valores), en la esquina de Wall con Broad Street. Fundado en 1792 bajo un plátano, en la actualidad en el Exchange se negocian más de 200 millones de acciones al día. Y de lunes a viernes (de las 9.15 a las 16.00) es posible asistir a las estridentes y frenéticas contrataciones desde una galería ubicada arriba de la sala.

La **Trinity Church** ofrece solaz para aquellos preocupados por los aspectos más "voraces" de Wall Street. Esta es la tercera Trinity Church construida en el lugar, en 1846. La primera fue construida en 1698 por la real concesión de los soberanos William y Mary de Inglaterra. La iglesia fundó dos de las más prestigiosas instituciones académicas, la Trinity School y la Columbia University, antes King's College. Un tiempo, la iglesia tenía un aspecto mucho más tétrico, pero la reciente restauración quitó la suciedad y devolvió el tono rosado original de la piedra arenisca. La iglesia es bastante modesta en tamaño y en ornamentos, aunque el campanario, las puertas de bronce, los vitrales de color y el exquisito altar tallado en mármol sugieren el significado histórico de la iglesia. En el cementerio cubierto de musgo, en la parte trasera, se encuentran las tumbas de personas célebres de la historia, como Robert Fulton, el inventor de los buques de vapor, y los estadistas Alexander Hamilton y Francis Lewis.

Puente de Brooklyn

El primer puente colgante de acero del mundo, el Puente de Brooklyn, une Manhattan a Brooklyn y, con sus 2 kilómetros de largo (rampas de acceso incluidas) y 84 metros de altura, es bastante impresionante hasta hoy día. El puente lo proyectó en 1869 el inmigrante prusiano Johann Roebling, quien desarrolló un tipo de cable de acero galvanizado usado para las gabarras y lo suficientemente fuerte como para emplearse en estructuras más grandes, como los puentes. Estos cables junto con otras brillantes soluciones ingenieriles, le dan al puente una impresión de ligereza, que contrasta con las imponentes torres góticas de piedra bajo las cuales pasa la autopista.

El puente se llevó catorce años de trabajo y 15 millones de dólares en su construcción, sin mencionar que se cobró veinte vidas incluida la del mismo Roebling, muerto de tétano después de un accidente mientras supervisaba los trabajos de la obra. La dirección del proyecto pasó a su hijo Washington que, habiéndose enfermado de embolia gaseosa mientras trabajaba bajo el agua para la construcción de los pilares de sostén, tuvo que seguir los trabajos observándolos, a través de un telescopio y con la asistencia de su esposa Emilie, desde su lecho de enfermo en su casa en Columbia Heights. El puente se inauguró el 24 de mayo de 1883 con una gran ceremonia. Una rampa peatonal de 2,5 kilómetros ha reemplazado la pasarela original, pero el puente aún ofrece un paseo emocionante con vistas asombrosas de Lower Manhattan.

*Algunas vistas del **Brooklyn Bridge**.*

En las páginas siguientes:
***Lower Manhattan** visto desde el lado de Brooklyn del East River, antes del 11 de septiembre de 2001.*

Battery Park, en la punta sur de Manhattan.

Battery Park

Battery Park es una larga franja verde de un kilómetro y medio en el extremo sur de Manhattan, que nació utilizando tierra de relleno. Desde el parque, uno puede observar la sorprendente silueta del Financial District, la Estatua de la Libertad, el puerto de Nueva York y el río Hudson. Agréguele que el parque es también el lugar de encuentro preferido de muchos artistas callejeros, atraídos por las multitudes que esperan los transbordadores para la Isla Ellis.

El parque ocupa la ribera occidental, desde la Chambers Street de TriBeCa hasta el Castle Clinton National Monument de Battery. Para entender cómo ha cambiado la costa de Manhattan, considere que el fuerte estaba ubicado a noventa metros de la costa cuando se construyó para disuadir a la Marina Británica durante la guerra de 1812. Debió haber sido bastante convincente, porque el Battery nunca lanzó un solo proyectil durante aquella guerra. A lo largo de los años el castillo se convirtió en una sala de conciertos, y posteriormente en un acuario. Finalmente, en 1941, fue declarado monumento histórico nacional y se le anexó un pequeño museo.

En su interior, algunos dioramas muestran cómo ha cambiado la costa, y el fuerte mismo. Este parque, muy bien cuidado, está adornado con muchas estatuas y monumentos. En 1909 se erigió una estatua de Giovanni da Verrazzano, y desde lo alto del pedestal el explorador puede contemplar a lo lejos el puente que lleva su nombre.

Hope Garden (el Jardín de la Esperanza) conmemora aquellos que han muerto por SIDA, mientras que un monumento de la Segunda Guerra Mundial se caracteriza por una enorme escultura de un ave de rapiña que remonta el vuelo, ubicada entre cenotafios de granito que llevan los nombres de los muertos en el Atlántico.

El gobierno holandés donó a la ciudad una asta bandera conmemorativa que recuerda la compra de la isla de Manhattan por Peter Minuit en 1626.

El World Financial Center es otro espléndido trecho del Battery Park, proyectado por los arquitectos Alexander Cooper y Stanton Eckhut, incluye espacios comerciales y públicos, el paseo marítimo, el puerto turístico, la pista de patinaje sobre hielo y varias plazas.

South Street Seaport

Aquí se puede admirar una reconstrucción del puerto de Nueva York en el siglo XIX, pero su atractivo principal es el espléndido paseo a orillas del río, rico en tiendas, bares y restaurantes, y en una ubicación excepcional sobre la costa sudeste de Manhattan. En el puerto, donde atraca una flotilla de grandes y viejos barcos abiertos al público, sobresale el perfil de los rascacielos del Financial District. En el Seaport Museum se muestran varias exposiciones náuticas y se puede también visitar una imprenta del siglo XIX y un astillero naval de la época. El Fulton Fish Market, el mercado de pescado más antiguo del país, conserva el aspecto desordenado y oloroso de sus lejanos días de gloria. Y desde el Pier (muelle) 17 se puede gozar del panorama del río cómodamente sentados en las tumbonas colocadas sobre un ancho embarcadero.

*Tres vistas del **South Street Seaport**, el histórico puerto de Nueva York.*

Ellis Island y el Museo de la Inmigración

La Estatua de la Libertad

La Isla Ellis, un tiempo puerta de entrada al país para dieciséis millones de inmigrantes, es ahora sede de un museo que traza su peregrinaje desde sus lejanas tierras al Nuevo Mundo y está dotado de un sitio Internet donde es posible buscar a los propios antepasados. Ellis Island debe su nombre a Samuel Ellis, el agricultor que era su dueño. La isla se volvió una estación receptora de inmigrantes en 1892, cuando las autoridades se percataron que Castle Clinton, en Battery Park, no podía acoger a la multitud de extranjeros que pretendían entrar al país. En el período de mayor actividad, Ellis Island dio la bienvenida a 5.000 inmigrantes al día, y debido a que a los pasajeros de primera clase les estaba permitido desembarcar directamente en Manhattan, la mayoría de los internados en Ellis eran pobres. Se entrevistaba a cada uno y se le hacía un examen médico para descubrir quienes podrían llegar a ser una "carga para la asistencia pública" y sólo se rechazó el dos por ciento aproximadamente.

Frank Capra, Béla Lugosi y Rodolfo Valentino fueron algunos de los que entraron a través de este umbral de América en busca de fortuna. El museo actual se restauró en 1986 gracias al esfuerzo de un Comité del Centenario dirigido por Lee Iacocca, presidente de la Empresa Chrysler, hijo de inmigrantes que llegaron a Ellis Island.

La estatua de 225 toneladas y 46 metros de altura nació del esfuerzo de tres franceses: el historiador Edouard-René de Laboulaye concibió la idea, mientras que Frédéric-Auguste Bartholdi realizó la estatua en cobre y Alexandre-Gustave Eiffel (creador de la homónima torre parisina) su estructura portante. Bartholdi empleó diez años para hacer el modelo definitivo de la estatua; lo completó finalmente en 1874, pero se inauguró el 28 de octubre de 1886.

En la mano izquierda, la Libertad sostiene la Declaración de Independencia, en la derecha sostiene la famosa antorcha y pisotea las cadenas de la tiranía bajo sus pies como un símbolo de libertad para la gente de los siete continentes, quienes están representados por las siete puntas de su corona. El poema de Emma Lazarus, *El Nuevo Coloso*, está esculpido en el pedestal de la estatua y quedó consolidado en los anales de la historia norteamericana. Subir los 171 escalones que conducen a la cima - la cual, incluyendo el pedestal, se eleva 93 metros sobre el puerto de Nueva York - equivale a escalar un edificio de 22 pisos. En 1986, la estatua fue restaurada: el cobre fue sustituido en varios puntos y en lugar de la vieja antorcha, ahora la estatua sostiene una nueva, recubierta con una lámina de oro que le ha devuelto el esplendor original querido por Bartholdi.

ÍNDICE

Nueva York:

   Nacimiento de una metrópoli . . . . .pág. 3

Los orígenes de la actual Gran Manzana . . . .” 4

- Juan de Verrazzano . . . .” 4

- Ground Zero: la reconstrucción . . . .” 7

EL WORLD TRADE CENTER
   Y LAS TORRES GEMELAS . . . .” 8

Historia de un símbolo . . . .” 8

Desde los cimientos hasta los observatorios
   la construcción del símbolo de una época . . .” 10

Los observatorios . . . .” 14

- Los protagonistas de proezas temerarias . . . .” 15

La discutida arquitectura . . . .” 20

En el pasado como en el presente:
   un puerto internacional . . . .” 21

Las grúas "canguro" . . . .” 21

- Las Torres Gemelas en cifras . . . .” 21

LOS ATENTADOS . . . .” 16

26 de febrero de 1993 . . . .” 16

11 de septiembre de 2001 . . . .” 17

LOS RASCACIELOS DE MANHATTAN . . . .” 24

Gigantes en Nueva York . . . .” 24

Chrysler Building . . . .” 40

- William Van Alen . . . .” 41

Empire State Building . . . .” 34

- Zoom sobre el Empire . . . .” 38

Flatiron Building . . . .” 42

- Daniel Hudson Burnham . . . .” 43

General Electric Building . . . .” 49

- Radio City Music Hall . . . .” 49

MetLife Building . . . .” 44

- Grand Central Terminal . . . .” 45

Trump Tower . . . .” 46

- Donald Trump y su imperio . . . .” 46

Twin Towers . . . .” 27

- En el Winter Garden . . . . .pág. 27

Woolworth Building . . . .” 48

- El imperio del "nickel n'dime" . . . .” 48

El nacimiento del rascacielos . . . .” 32

- El ascensor . . . .” 33

- Los "cowboys" del cielo . . . .” 33

LA CIUDAD, LOS MONUMENTOS, LOS MUSEOS ” 50

American Museum of Natural History . . . .” 68

Battery Park . . . .” 90

Broadway . . . .” 59

Catedral de St. Patrick . . . .” 57

Central Park . . . .” 62

Chinatown . . . .” 81

Ellis Island . . . .” 92

Estatua de la Libertad . . . .” 93

Greenwich Village . . . .” 79

Intrepid Sea-Air-Space Museum . . . .” 65

Lincoln Center . . . .” 67

Little Italy . . . .” 80

Metropolitan Museum of Art . . . .” 70

MoMA QNS . . . .” 74

Museo de la Inmigración . . . .” 92

Museum of Modern Art . . . .” 74

Naciones Unidas . . . .” 82

New York Public Library . . . .” 66

Puente de Brooklyn . . . .” 86

Rockefeller Center . . . .” 51

SoHo . . . .” 78

Solomon R. Guggenheim Museum . . . .” 73

South Street Seaport . . . .” 91

Theater District . . . .” 59

Times Square . . . .” 59

Wall Street . . . .” 85

DEPORTES . . . .” 58

Mapa de Manhattan . . . .” 50